알면 좋은,
대구 독립운동사

알면 좋은, 대구 독립운동사

지은이	정인열
그린이	오진욱

발행일	2022년 11월 23일
펴낸이	박상욱
펴낸곳	도서출판 피서산장
등록번호	제 2022-000002 호
주소	대구시 중구 이천로 222-51
전화	070-7464-0798
팩스	0504-260-2787
메일	badakin@daum.net

출판기획	이향숙
북디자인	이신희

ISBN	979-11-978013-7-2 03910

알면 좋은,

대구 독립운동사

조선조 대구는 전국 8도(道) 가운데 가장 큰 경상도를 책임진 관청인 감영(監營)이 400년 동안이나 있었던 곳이다. 즉 대구는 오늘날 영남 5개 광역 시·도를 아우르는 경상도(영남)의 학문과 행정, 정치, 문화, 상업 등의 중심 역할을 했던 고을이었다. 또 대구는 낙동강과 금호강의 수로(水路)을 끼고 경남(부산)~한양(서울)을 잇는 영남대로(大路)가 통과하는 사통팔달의 편리한 지리 환경상 유리한 여건도 갖췄다. 그래서 경상도의 남북 분리와 경상북도 소속이라는 행정개편 이후에도 경북도 제1도시의 대구 역할은 바뀌지 않았다.

특히 나라를 빼앗긴 일제 식민지배의 독립운동기 대구는 경성(서울)~평양을 잇는 3대 도시의 기능을 했다. 다양한 교육기관 설립으로 오랜 역사의 교육도시 위상이 강화됐다. 전국에서 인재가 몰렸고 다양한 사상과 이념까지 전파, 확산되면서 독립운동도 활발했다. 이는 임진왜란 때 고을마다 의병을 꾸려 극난 극복에 나선 활동과 유교의 대동(大同)사회 구현, 공동체 유지를 위해 헌신한 서침, 최흥원 같은 대구 사람들의 전통과도 일맥상통한다.

일제에 진 빚 1,300만 원을 갚기 위한 국채보상운동의 불씨는 대구에서 타올라 전국으로 번졌다. 국채보상운동에서는 대구의 기생 염

알면 좋은, 대구독립운동사 발간사

농산을 비롯해 전국에서 지위 고하를 가리지 않고 여성들이 적극 동참했다. 이는 항일 투쟁사에서 처음으로 남녀가 합동으로 벌인 활동으로도 평가받을 만하다. 국채보상운동에서 싹이 튼 여성의 사회 참여는 계몽운동과 항일 비밀단체 결성, 그리고 1919년 3·1만세운동 때 거국적 여성 참여로 이어졌고, 이후 만주 등지에서의 의열 무장투쟁에 이르기까지 여성 항일 투쟁사에 길이 빛날 업적의 씨앗이 됐다.

또 대구 앞산 안일암에서는 비밀결사 조선국권회복단이 결성(1915년 2월)됐다. 이어 1910년대 최대 항일 무장 비밀독립운동단체로 평가되는 대한광복회도 대구 달성공원에서 출범(1915년 8월)됐다. 1919년 3월 8일 대구 서문시장에서 시작된 만세운동의 불꽃은 경북 곳곳으로 타올라 5월까지 계속됐다. 무엇보다 만세운동 때 분출된 대구의 남녀 학생과 젊은이의 저항은 독립운동의 한 축이 되어 광복 때까지 그치지 않았지만 그 희생도 클 수밖에 없었다.

이처럼 대구의 독립운동은 치열했고 그 역사자산과 발자취는 산재하지만 제대로 관리와 발굴 소홀로 묻혀 있다. 대구감옥(형무소)에서 순국한 서훈 독립운동가는 서대문형무소보다도 많고 투옥된 애국지사도 숱하다. 하지만 아직 그 규모조차 제대로 파악되지 않고 있고 이제는 벽돌 몇 장 말고 흔적도 없다. 전국 7대 광역시 가운데 서울 다음 많은 서훈 독립운동가를 배출한 대구지만 이들의 독립운동과 활동 등에 대한 조명과 기리는 일은 여전히 부족하다.

1981년 대구와 경북의 행정 분리에도 경북 울타리 안에서 함께 했던 역사가 오래였기에 독립운동사 경우 경북 위주로 연구와 조명이 많이 이뤄진 결과이다. 물론 지난 1991년의 『대구경북항일독립운동사』(정휘창), 경북도에서 2012~2014년 발간한 7권짜리 『경북독립운동사』(김희곤 외)에 대구의 독립운동사가 나름 잘 실려 있다. 하지만 대구의 독립운동사가 경북지역과 함께 다뤄진 까닭에 아쉬운 점이 없지 않다. 마침 지난 2020년 광복회 대구시지부가 『알기 쉬운 대구독립운동사』(권대웅 외)를 펴내고 대구의 독립운동을 잘 적어 다행이다.

역사에 문외한인 필자는 우연한 인연으로 광복회 대구시지부가 기획한 『대구독립운동사』의 지난 2018년 발간 작업에 참여하게 되었다. 이런 경험을 바탕으로 앞에서 소개한 대구의 독립운동 관련 전문가 서적과 자료를 모아 2022년 국채보상운동기념사업회의 『알면 좋은, 대구독립운동사』 발간 작업에 외람되지만 또 발을 담게 됐다. 이미 발간됐거나 연구된 관련 자료를 수집하고 참조하여 펴내는 만큼 앞선 연구자들에게 감사 인사를 전하지 않을 수 없다. 혹 잘못이 있다면 관련 문헌과 자료를 제대로 살피지 못한 필자의 불찰임을 밝혀둔다.

알면 좋은, 대구독립운동사 발간사

책 제목에 '알면 좋은'이란 수식어를 굳이 넣은 까닭이 있다. 대구의 '자랑스런' 독립운동사를 조금이라도 더 '알면' 그만큼 지금 발을 딛고 사는 대구에 대한 이해의 폭이 넓어지고 대구사랑 역시 깊어질 것이다. 또한 밖의 사람들이 대구를 오해하고 '수구○○', '보수○○'과 같은 험한 말을 하더라도 '대구는 그런 곳이 아냐'라며 버틸 수 있는 '좋은' 힘이 될 수 있을지도 모르기 때문이다.

특히 이번 작업에서는 일반인은 물론 학생과 청소년들의 대구 독립운동에 대한 접근이 좀 더 쉽도록 하기 위해 처음으로 많은 삽화를 넣게 되었다. 각 본문의 삽화는 피서산장 출판기획사와 역사에 관심이 많은 젊은 오진욱 작가의 특별한 협업을 통해 당시 시대 분위기를 최대한 살려 사실감 있도록 하였다.

이번 『알면 좋은, 대구독립운동사』 발간을 통해 보다 많은 대구 사람들이 묻히고 잊힌 대구의 독립운동을 되돌아보고 그 정신을 되새기는 계기가 되고, 독립운동을 위해 순국하신 애국지사 선열에 대한 작은 예(禮)라도 되었으면 더 바랄 것이 없겠다.

저자 정인열

대구독립운동의 역사적 배경

1. 대구독립운동의 역사적 배경

달구벌 대구는 자연재해가 적고 낙동강과 금호강을 낀 들판이어서 살기에 적합했다. 일찍부터 첨단인 백두산 흑요석 소재의 도구를 쓰던 주민들도 살았다. 대구는 신라 장군 김유신이 삼국통일을 기원하며 수련한 명산이자 오악의 하나인 팔공산(중악)을 주변에 두었다. 대구는 통일신라가 757년 경주 서라벌에서 도성을 옮기려 했던 고을이었다. 신라의 대구 호족 이재(異才)는 호국성을 쌓아 서쪽 변경을 지켰다. 고려 때는 이민족 침입을 불교의 힘으로 물리치려고 만든 팔만대장경이 대구 옆 팔공산 부인사에 봉안됐다. 조선 임진왜란 때 대구사람들은 마을마다 의병진을 갖추고 팔공산 동화사에 승병(僧兵)본부를 설치한 사명대사 유정 등과 함께 국난 극복에 나섰다.

또 대구는 임란에 참전한 명나라 군대 참모 두사충과 왜군 장수 사야가(김충선)가 귀화해 살며 나라에 정성을 다했던 고을이었다. 두사충이 나라에 바친 집터에는 경상감영이 들어섰고, 김충선이 살던 달성군 우록은 한일교류의 터가 되었다. 대구의 옛 토성인 달성공원 주인 달성서씨 서침은 세종대왕의 요청에 달성땅을 내놓았고, 대신 대구 백성들이 세금

감면 혜택을 보게 했다. 팔공산 자락 옻골 유학자 최흥원은 향약과 계를 만들어 이웃이 굶지 않도록 하여 마을 공동체 유지에 힘썼다. 대구는 순교(殉教)의 역사도 간직하고 있으니, 천도교(동학) 창시자인 경주 출신 최제우와 여러 천주교 교인들이 대구 경상감영에서 당한 처형이 이를 말해준다. 대구사람들의 일제강점기 독립운동은 이런 역사 속에서 이뤄졌다.

[대구독립운동가 서훈 현황]

구분	대구시	서울시	부산시	광주시	인천시	울산시	대전시	합계
인원(명)	173	462	146	140	99	92	37	1,149명
비율(%)	15.1	40	40	12.2	8.6	8	3.2	100%

■전국 광역시 독립운동가서훈 현황(2022년 8월 13일 현재 전국 17,285명 7대도시 합계 1,149명)

[전국 7대광역시 서훈 독립운동가 현황]

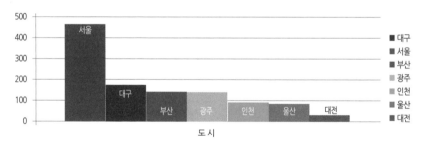

한편 국가보훈처에 따르면 국내외 서훈 독립운동가(2022년 8월 13일 기준) 17,285명 가운데 전국 7대 광역시(세종시 제외)에서는, ▲서울시가 462명으로 가장 많았다. 다음으로는 ▲대구(달성군 포함)가 173명으로 많았고, 그리고 ▲부산(146명) ▲광주(140명) ▲인천(99명) ▲울산(92명) ▲대전(37명) 순이었다.

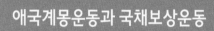

애국계몽운동과 국채보상운동

2. 애국계몽운동과 국채보상운동

한말 항일 의병 활동은 왕성했다. 1893년 경북 안동에서 시작된 의병 활동은 보통 전기의 1895년 을미의병, 중기 1905년 을사의병, 후기 1907 년 정미의병으로 나눠진다. 대구의 한말 의병투쟁은 미약했다. 대구 주둔 일본군에 맞서 의병들은 경북 안동 등 북부를 중심으로 세력권을 넓혀 대구 진공(進攻)을 노렸지만 성과는 미미했다. 경북의 의진 가운데 산남의 진 우재룡 부대의 팔공산 동화사 근거 활동과 금산의진과 장윤덕 의병진 의 대구공략 계획이 언급될 뿐 실제 기록은 아직 발굴되지 않고 있다.

대구의 대한제국 군대와 일본 군대, 경찰과 맞서야 하는 대구경북의 의병은 모든 면에서 열세였다. 그런 탓인지 대구 출신 의병들은 대구 밖 다른 곳에서 의병 전쟁을 했다. 달성 출신 문석봉 의병장의 충남 공주 유 성 활동과 손양윤, 정춘일, 김도언, 손선일, 김성육, 박화준, 이춘화 등 의 병투쟁도 그런 사례이다. 대신 대구에서는 계몽운동과 교육활동이 활발 했다. 전국 계몽단체의 대구 사무실 개소나 대구의 계몽단체 활동과 공 사립 학교 설립의 교육 열기는 뜨거웠다. 특히 1,300만 원 국채를 갚는 국 채보상운동은 대구에서 불붙어 전국으로 확산됐다.

1) 계몽운동

일제 침탈에 맞서 벌어진 계몽운동은 이미 앞서 추진됐던 개혁조치들을 잇는 활동이었다. 1884년에는 김옥균을 비롯한 개혁파들이 청나라 속국화 반대와 조선의 자주독립과 근대화를 위해 갑신정변을 일으켰다. 1894년에는 동학농민전쟁에 따른 갑오개혁(갑오경장)이 실시됐다. 1897년에는 고종이 황제에 올라 국호를 조선에서 대한제국으로 바꾸고, 연호를 광무로 정해 광무개혁을 추진했다. 이런 개혁과 개화조치에 이은 계몽운동은 일제 침탈에 대한 국권회복 방안으로 펼쳐졌고 단체들이 결성됐다. 전국의 단체들은 대구에 지부(지회) 사무실을 두거나 대구의 단체와 연계, 활동했는데 독립협회, 대한협회, 대한자강회의 대구지부(지회)가 그런 단체였다.

대구에는 자생 단체도 나타났다. 1898년 서상락 등이 결성한 개진협회, 김광제·서상돈이 주도한 대구광문사(1906년), 대동광문회(1907년), 윤필오 등이 이끈 대구광학회(1906년), 이근우 등이 참여한 달성친목회(1908년) 등이다. 대구인민대의소(1906년)와 대구시의소(1907년)도 합류했다. 이들 단체는 정부의 외세의존 정책 비판과 외세의 내정간섭 규탄, 민권보장 및 참정권 획득운동 참여, 부패관리 규탄과 처벌 요구, 농민을 괴롭히는 관리 처벌과 낡은 제도 폐지, 민지개발 등을 요구했다. 계몽 교과서 발간이나 잡지 발행 등을 통한 활동도 펼쳤다. 여성 계몽 단체도 생겼다. 1908년 경상북도관찰부 건물에 사무실을 둔 대구애국부인회와 1909년 결성된 교육부인회(여자교육회)이다. 대구애국부인회는 대한협회 대구지회 회원 부인들이 참여했고, 교육부인회는 이상정·이상화 형제의 어머니인 김화수 등 100여 명으로 결성됐다.

[대구에 본거지를 둔 애국계몽단체]

단체명	결성시기	중심인물	비고
개진협회	1898. 12. 4	서상락 등	대구지역 계몽활동
대구광문사	1906. 1	김광제 등	인쇄사로 문회를 둠
대동광문회	1907. 2. 11	박해령 등	광문사 부속기관인 문회(文會)
대구광학회	1906. 8	윤필오, 김선구	경성 광학사의 지회 성격
달성친목회	1908. 9. 5	이근우, 김용선	대한협회와 보조
강유원간친회	1913. 3. 15	홍주일, 서병룡	달성친목회를 재건한 친목회

2) 교육 활동

대구에서는 교육을 통해 위기의 나라를 구하려는 활동도 활발했다. 정부는 공교육제도 마련과 함께 학교를 세웠고 선교 차원의 사립학교도 등장하면서 대구에서는 공공·민간 차원의 교육활동이 펼쳐졌다.

1895년 공포된 소학교령에 따라 1896년 대구부에 공립소학교가 설립됐다. 민간 사립학교 설립도 늦었지만 교육을 통한 국권회복의 열망이 커지면서 많이 등장했다. 서울에서 1895년 설립된 흥화학교의 대구지교가 1899년 6월 대구에 문을 열었다. 7월에는 대구 첫 근대 사립학교로 평가받는 달성학교가 초·중등 과정으로 출범했다. 경상감영 안에 교사(校舍)를 마련하고 초대 교장은 김직현 경상북도관찰사가 맡아 심상과와 고등과 과정을 두고 각각 4년제를 채택했다.

매월 10원의 정부 보조금과 대구의 유지, 경상북도관찰부 지원 등으로 운영된 달성학교는 신구(新舊) 학문을 절충한 수업으로 나라를 구할 인재 양성에 나섰다.

[경술국치 이전 대구에 설립된 교육기관]

학교명	설립	형태	설립인	학제
달성학교(達城學校)	1899. 6	사립	장규원(張圭遠)	중학(中學) 8년
시무학당(時務學堂)	1905. 1	〃	이일우(李一雨)	
사범학교(師範學校)	1906.	〃	유지 신사	
양성학교(養成學校)	1906.	〃	군수 김한정(金漢鼎)	
대구사범강습소	1906. 10	〃	대구유지	단기강습
계남학교(桂南學校)	1906. 7	〃	서기덕(徐基悳)	
양성여학교(養成女學校)	1907.	〃		
일신학교(日新學校)	1907. 봄	〃	정해식 등	
수창학교(壽昌學校)	1907. 9	〃	서흥균(徐興均) 등	
협성학교(協成學校)	1907. 9	〃	서상하(徐相夏)	중학(中學)
달서여학교(達西女學校)	1908. 12	〃	대구부인회	야학교
인수학교(仁壽學校)	1908. 9	〃	문성봉(文成鳳)	
실업학교(實業學校)	1910. 3	공립	학부(學部)	
농림학교(農林學校)	1910. 3. 14	공립		고등(高等)

그러나 달성학교는 일제의 시련을 견뎌야 했다. 1905년 달성학교 심상과는 대구공립소학교(현 대구초등학교)에, 고등과는 1906년 대구사람들이 만든 사립 협성학교에 1907년 각각 통합됐다. 협성학교는 훗날 관립·공립 대구고등보통학교를 거쳐 현재의 경북고등학교가 됐다. 흥화학교 대구지교도 사학 탄압정책으로 1911년 문을 닫았다. 1910년 한일 합병 조약 전 대구의 사립교육기관으로는 많은 장서로 도서관 기능을 했던 우현서루 내 시무학당을 비롯, 개남학교·양성학교·사범학교·일신학교·양성여학교·수창학교·달서여학교·인수학교·대구사범

강습소가 있다. 공립은 농림학교(1909년)와 실업학교(1910년)가 있다.

　대구에는 기독교 계통의 근대 교육기관과 학교도 생겨나 선교 목적이지만 신지식·신문화 도입과 전파, 인재 양성에 기여했다. 1897년 미국 장로교 선교 이후 브루엔 선교사와 부인 마르타가 각각 대남남자소학교(1900년 또는 1902년)와 신명여자소학교(1902년)를 제일교회에 세웠다. 아담스 선교사는 1906년 중학과정의 계성학교를, 1907년 북장로회 선교부는 첫 여자 중등학교인 신명여학교를 설립했다. 천주교는 현재 계산성당의 부속건물 해성재를 소학교로 승격시켜 1908년 성립학교를 개교했다.

　한편 1905년 을미의병 이후 상경(上京)한 영남(경상도) 출신 인사들은 계몽운동 단체에서 활동을 벌였다. 이들은 1908년 서울에서 교남교육회를 창립하고 교육의 중요성을 강조하고 교남(영남)의 교육부흥을 위해 활동했다. 『교남교육회잡지』라는 회지를 발간하고 영남인의 완고함과 신문명 수용의 폐쇄성 등 문제점을 지적하고 각성을 촉구하며 국권회복을 위한 교육 진흥을 강조했다.

3) 국채보상운동

대구에서는 국채 1,300만 원을 갚는 국채보상운동이 펼쳐졌다. 2,000만 백성이 20전(錢) 담배를 3개월 끊어 빚 1,300만 원을 갚자는 운동은 1907년 대구광문사의 김광제 사장과 서상돈 부사장이 결의하면서 전국으로 퍼졌다. 대구광문사는 1907년 1월 29일 특별 회의를 갖고 서상돈 부사장의 국채갚기 제안에 따라 모금에 들어갔다.

서상돈 부사장의 제안에 김광제 사장은 즉석에서 3개월치 담뱃값 60전과 10원을 더 냈다. 즉석에서 의연금 2,000원이 모였다. 2월 21일 이를 위해 단연회(斷煙會)도 설립했다. 대구사람들이 발벗고 나선 까닭은 많다. 대구거주 일본인들과 대구주둔 일본군의 횡포, 친일파 박중양 대구군수의 불법 대구읍성 철훼(1906년), 일본인의 대구 상권 잠식과 장악, 대구의 식민도시화에 따른 저항과 반감 등이 작용했기 때문이다.

국채 1,300만 원은 일제의 계산된 침탈 정책의 결과였다. 한국 정부의 어려운 재정 형편을 간파한 일제는 일제의 돈을 쓰도록 유도하고 강압했다. 그 돈은 일제 침략기반 확충과 식민지 지배기반 구축에 쓰였다. 한국정부 채무는 늘 수밖에 없었다. 일제는 한국탄압을 위한 경찰 관련 시설확장과 인건비, 일본인을 위한 사업투자 등으로 빚을 늘리고 이를 빌미로 대한제국 군대병력 감축을 추진했다. 일제 음모에 의한 빚 1,300만 원은 한 해 예산(1906년 세입 13,189,336원과 세출 13,950,523원)과 같았다.

일제는 대구사람들의 빚갚기 운동을 탄압했다. 1907년 2월 21일 대구군 내 북후정 아래에서 열린 군민대회에서 보상운동 확산과 군민 동참을 위한 행동에 일제 경찰은 집회를 위협, 방해하고 집회 참석자를 연행하는 등 해산을 시도했다. 3일 뒤 2월 24일 또다시 군민대회가 열렸고, 일제는 물리력을 동원해 방해했다.

국채보상운동에는 전국의 관심이 쏠리고 열기도 뜨거웠다. 남녀노소, 빈부귀천, 지위고하 없이 동참했다. 부녀와 걸인, 백정, 마부, 채소장사, 술집 아낙, 계집종, 머슴, 도둑도 의연했다. 고종 황제도 "백성이 담배를 끊고 그 값을 모은다는데 짐이 담배를 피울 수 없다"며 동참했고, 영친왕 이은의 길례(吉禮) 행사 연기를 명령했다.

대구여성들도 2월 21일 첫 군민대회가 끝나자 23일 남일동폐물폐지부인회까지 만들고 동조했다. 이를 주도한 소위 '7부인'은 '정경주·서채봉·김달준·정말경·최실경·이덕수·배씨'였다. 대구여성 참여자 가운데 기생 앵무(본명 염농산)의

의연은 세상 사람들을 놀라게 했다. '여자로서 감히 남자보다 한 푼이라도 더 낼 수가 없어서 100원'을 냈던 앵무는 '누구든지 남자가 1,000원, 10,000원을 출연하면 죽기를 작정하고 따라가겠다'고 밝혀서다. 당시 공무원(장례원 주사)의 1개월 봉급이 15원이었으니 앵무가 의연한 100원은 약 7개월 봉급에 이르는 큰 금액이었다.

남일동폐물폐지부인회의 등장은 1907년 6월 대구남산국채보상부인회 결성으로 이어지면서 대구여성들의 사회참여 관심을 불러일으켰다. 1908년 결성된 대구애국부인회와 1909년의 교육부인회(여자교육회)도 출범했다. 국채보상운동은 대구여성들의 교육계몽과 신여성 인재양성에 대한 관심을 높였다. 다른 지역여성 참여도 이어졌다. 전국 8도에서 28개 여성단체와 19개 준(準) 단체가 결성됐다. 의연참여 여성계층도 양반 유지부인에서부터 부실(副室), 기생(관기·퇴기·주퇴), 개화여성, 학생, 기독부인, 농민과 상인, 승려, 지방부인에 이르기까지 다양했다. 해외동포 여성단체도 빠지지 않았다.

그러나 일제 탄압과 방해, 이간으로 국채보상운동은 좌절됐다. 국내외 동포와 외국인까지 동참한 이 운동에서 모인 의연금은 정확하지 않다. 대한매일신보사에서 집계한 62,097원90전2리에서부터 미확인 통계 자료인 2,310,980원13전까지 다양하지만 학계에서는 총모금액이 200,000원 안팎으로 추정하고 있다.

그러나 국채보상운동기념사업회(2022년 8월 13일 기준 홈페이지 통계자료)의 집계 분석에 따르면, 전체 의연자 수는 258,411명이며, 의연금 총액은 303,320원으로 나타났다.

대구를 포함한 경북도는 19,770명에 68,005원을 기록하여 의연자수에서는 ▲

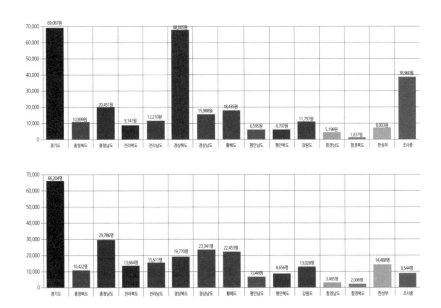

[국채보상운동 의연금액(위)과 참여인원(아래)]

경기도의 66,204명과 ▲충남도 29,786명 ▲경남도 23,341명 ▲황해도 22,453명
의 다음을 기록했다. 반면, 의연금액에서는 ▲경기도 69,087원에 이은 두 번째였
고 ▲충남도 20,451원 ▲황해도 18,435원 ▲경남도 15,098원 ▲전남도 12,210원
등보다 많았다.

　한편 국채보상운동은 지난 1997년 외환위기 극복방안으로 되살아났다. 국채
보상운동 전개과정에서 생산된 기록물들은 지난 2017년 10월 31일 국채보상운
동 100주년을 맞아 유네스코 세계기록유산으로 등재되면서 인류자산이 됐다.

3

1910년대 대구독립운동과
비밀결사

3. 1910년대 대구독립운동과 비밀결사

일제는 1876년 2월 28일 함포로 불평등 강화도조약을 체결하고 한국 침략 기회를 엿보다 1910년 8월 22일 강제병합해 8월 29일 공개했다. 34년 6개월의 침략준비였다. 1945년 8월 15일 광복 때까지, 일제의 34년 11개월 17일은 식민지배기였지만 한국인에게는 독립운동기였다. 이완용의 매국 친일파가 팔아넘긴 나라를 되찾는 독립운동은 총칼의 헌병제 무단통치(武斷統治)에 대한 저항이었고, 죽음을 각오해야 했다. 1910년대에는 강점기간 중 사형집행이 가장 많았다. 일본 본토보다 최고 10배나 높은 사형선고 비율 연구자료가 이를 잘 말해준다.

동토(凍土)의 땅이자 '봄조차 빼앗긴 땅'이지만 독립운동은 한시도 멈추지 않았다. 알아주지도, 기억해 주지도 않고, 성공보장이 없어도, 사형선고의 판결이 기다리고 있지만 독립운동은 광복 때까지 이어졌다. 영호남, 강원도, 제주도, 충청도 일부까지 관할한 대구의 2심법원(공소원·복심법원) 판결로 옛 대구감옥(형무소)에서 순국한 206명의 독립운동가(서훈자 202명) 평균 삶이 34세에 그친 사실은 죽음의 독립운동을 증명하고 있다. 독립운동기의 대구는 인재를 양성, 배출하고 저항 정신과 사상을 전파했고, 비밀결사의 결성지, 친일파를 처단한 애국지사들의 활동 근거지가 됐다.

1) 대동청년단과 새배달모임, 재건달성친목회

대구 젊은이들은 비밀단체에서 저항했다. 1909년 경북 고령 출신 남형우가 만든 대동청년단에는 서상일, 최윤동, 배천택, 윤상태, 이경희 등 대구사람들과 청년들이 모였고 이들은 국내외 독립운동에 앞장섰다. 1911년 10월 대구에서는 최윤동과 송두환 등 젊은이들이 새배달모임을 결성했고, 1913년 3월에는 1908년 9월 결성된 뒤 1910년 나라가 망하면서 침묵했던 달성친목회가 강유원간친회로 모습을 드러냈다. 무단정치로 숨을 죽였던 대구사람들과 젊은이들이 비밀결사를 통한 독립운동에 나선 것이다.

대구 젊은이들이 중심이 된 옛 달성친목회원 가운데 서상일은 중국과 러시아 등지를 다니며 나라 밖 사정과 독립운동 동향을 살피고 돌아와 조직 재건에 나섰다. 겉으로 체육·오락단체를 위장한 강유원간친회를 꾸려 인재양성과 독립운동 조직결성을 준비했다.

강유원간친회는 1916년 4월 강제 해산될 때까지 매주 1회씩 집회와 학술강의, 명망가 초청, 체육활동을 이어가며 인재 양성활동을 폈다. 경남 진주청년들이 주최한 운동회에도 참석해 다른 지역 청년들과 연계활동도 추진했다. 1913년 8월에는 달성친목회를 재건해 강유원간친회의 부속기관으로 재편했다. 김진만, 남형우, 정운일 등 젊은 인재들도 속속 가입했다. 재건달성친목회는 400~500명의 회원을 확보했고 이들은 뒷날 다른 비밀결사에서 활약했다. 일제의 그물 감시망 속에서도 대구사람들은 독립운동의 기반을 닦고 있었다.

2) 조선국권회복단

1915년 2월 28일(음력 1월 15일) 정월 대보름날 눈 속에 인적없는 대구 앞산 안일암에서는 시회(詩會)를 가장한 모임이 열렸다. 거제군수 관직을 버리고 일제에 맞선 윤상태, 서상일 등 대구사람들이 조선국권회복단이란 비밀결사 결성에 뜻을 모았다. 이들은 단군의 위패를 갖추어 독립을 기원하는 기도를 올리고 국내외를 잇는 조직망을 계획하고 독립운동의 투쟁전략을 짰다.

조직은 윤상태 통령 지휘 아래 **외교부장, 교통부장, 기밀부장, 문서부장, 권유부장, 유세부장, 결사대장, 마산지부장, 단원** 등으로 꾸려 역할을 나눴다.

단원들은 목표를 익히고 비밀유지와 투쟁활동을 위한 각오를 서약서로 쓰고 결의를 다졌다. 그 내용은 ▲**한국의 국권을 회복할 것**, ▲**매년 정월(1월) 15일 단군의 위패 앞에 목적 수행을 기도할 것**, ▲**단원은 마음대로 탈퇴하지 말 것**, ▲**비밀을 누설하지 말 것**, ▲**만약 이를 어길 경우 신명(神命)이 주벌(誅罰)할 것**, ▲**결사대로 하여금 살육케 할 것**이었다. 단군의 이름으로 독립만을 위할 것을 맹세했다. 조선국권회복단 참여자의 출신을 보면 확인된 단원 51명 가운데 달성 출신 4명을 포함, 대구 출신이 18명으로 가장 많다. 경북 출신이 14명, 경남 17명, 전라도와 서울이 각각 1명이었다.

그러나 조선국권회복단은 1919년 5, 6월쯤 밀고(密告)로 조직의 정체가 드러났다. 단원 가운데 28명 신분이 발각되고 일제는 대구28인사건 또는 조선국권회복단 중앙총부사건이라 불렀다. 이들은 대동청년단 등 다양한 경력자로 밝혀졌다. 이들 활동은 일제 비밀자료집인 『고등경찰요사』(1934년)를 통해 일부 확인되고 있다. 먼저 **국권회복을 위한 중국 만주와 러시아 독립운동단체와 연계 활동 계획, 독립군자금 경비 마련 계획과 분담금 납부, 경남 창원 진동 3월 만세운동 지원 역할, 상해임**

시정부 독립군 양성자금 15,000원 마련 송금, 파리장서운동 서명 참여와 별도 독립청원서 작성·영문 번역 및 상해 전달 배포 등이다.

조선국권회복단은 대동청년단과 연계했다. 윤상태·서상일·남형우·박영모·신상태·안희제 등은 대동청년단 출신으로 조선국권회복단에도 가입했다. 이들은 일제 감시망을 피하기 위해 미곡상과 상회 같은 상업조직을 활용했다. 대구에는 박상진이 세운 상덕태상회와 서상일의 태궁상회, 윤상태의 칠곡 왜관 향산상회가 있었다. 이들은 또 부산 안희제의 백산상회, 서상호의 통영 곡물상 등 국내 상회에다 만주 이관구의 상달향행, 봉천 이해천의 해천상회 등과도 연계했다. 조선국권회복단은 1915년 8월 25일(음력 7월 15일) 출범한 무장 항일 비밀단체인 대한광복회와도 연계됐다. 박상진은 광복회 총사령을 맡았고, 조선국권회복단원 여럿이 광복회에 가입했기 때문이다. 이시영과 정순영·홍주일·정운일·최준 등 두 단체에 속한 회원도 적지 않았다.

[조선국권회복단의 조직과 구성원]

	통령	윤상태(尹相泰·달성)
	외교부장	서상일(徐相日·대구)
	교통부장	이시영(李始榮·대구), 박영모(朴永模·합천)
	기밀부장	홍주일(洪宙一·달성)
간부	문서부장	이영국(李永局·대구), 서병룡(徐丙龍·대구)
	권유부장	김규(金圭·마산)
	유세부장	정순영(鄭舜泳·대구)
	결사대장	황병기(黃炳基·전라도)
	마산지부장	안확(安廓) 지부 역원:이형재(李亨宰·마산), 김기성(金基聲·마산)

단원 (24명)	우하교(禹夏教·달성), 배상연(裵相淵·성주), 서창규(徐昌圭·대구), 편동현(片東鉉·영일), 조필연(趙弼淵·상주), 윤창기(尹昌基·대구), 김재열(金在烈·고령), 장석영(張錫英·성주), 배상렴(裵相廉·성주), 박상진(朴尙鎭·울산), 정운일(鄭雲馹·대구), 신상태(申相泰·칠곡), 이수묵(李守默·칠곡), 김응섭(金應燮·대구), 조긍섭(曺肯燮·달성), 최준(崔浚·경주), 정용기(鄭龍基·대구), 남형우(南亨祐·고령), 서상환(徐相懽·통영), 배중세(裵重世·마산), 이순상(李舜相·마산), 서상호(徐相灝·통영), 변상태(卞相泰·진해 또는 창원 진전면), 황병기(黃炳基·전라도)
관련부호 (14명)	박중화(朴重華·서울 또는 경주), 손영순(孫永詢·밀양), 한윤화(韓潤和·대구), 전영택(全永澤·밀양), 이조원(李祖遠·동래), 윤현태(尹顯泰·양산), 안희제(安熙濟·의령), 최태석(崔泰錫·청도), 최태욱(崔泰旭·청도), 양재하(楊在河·대구), 정운기(鄭雲騏·대구), 서병주(徐炳柱·대구), 한익동(韓翼東·대구), 정인찬(鄭寅贊·동래)

3) 대한광복회

1915년 8월 25일 대구 달성공원에서 결성된 대한광복회는 1910년대 무장 항일투쟁을 벌인 비밀 독립운동단체로 대표된다. 대한광복회 결성은 종전 독립운동사의 두 줄기 흐름, 즉 보수계통 의병 독립운동 분야와 진보계통 계몽주의 분야 활동가가 합세한 통합 독립운동단체의 사례로 평가된다.

"대한광복회는…두 줄기의 독립운동 세력이 만난 것인데, 하나는 1913년 풍기에서 채기중을 비롯한 의병 출신 인사들이 조직한 광복단이고, 다른 하나는 1915년 정월 대보름에 대구 안일암(현 안일사)에서 조직된 조선국권회복단 가운데 박상진을 비롯한 강경 노선의 인사들이었다. 광복단은 군주사회를 지향하는 보수성과 무력항쟁을 추구하는 투쟁방법을, 조선국권회복단은 공화주의라는 진보성과 계몽운동이라는 점진적인 방법을 추진하던 조직이었다. 이념으로는 조선국권회복단이 추구하던 공화주의를, 투쟁방법에서는 의병 출신 광복단이 지니고 있던 무장항쟁을 선택하면서 공동의 광장으로 합류한 것이 바로 대한광복회였다."

(1) 대한광복회 결성

대한광복회 결성 이전 경북북부 풍기에서는 1913년 채기중을 비롯한 의병 출신들이 광복단을 조직해 활동하고 있었다.

경북남부 대구에서는 윤상태 중심의 계몽계통 인물들이 조선국권회복단이란 비밀결사를 1915년 결성해 비밀활동을 벌였다. 독립운동의 대의(大義) 앞에 두 단체는 의기투합할 수 있었다. 판사직을 던지고 스승 허위 의병장의 가르침을 받아 독립운동에 투신한 박상진 조선국권회복단원과 채기중 광복단장의 합세로 출범한 대한광복회는 무장 독립투쟁사의 이정표를 세우게 됐다. 그 출발은 대구 달성공원이었다. 대한광복회는 상점과 미곡상 등 상업조직을 활용했다. 국내 전국에 지부조직을 갖춘 대한광복회는 중국 대륙에 거점을 마련하기 위해 조직을 두었다. 국내 전국 8도지부처럼 책임자를 영입하고 조직망을 가동하면서 국내외를 연계한 독립투쟁 준비를 다졌다.

대한광복회는 박상진 총사령과 의병장 출신 이진룡(이석대) 부사령 겸 초대 만주지부장(후임 김좌진)을 비롯해 권영만·우재룡 지휘장과 최준 재무부장, 이복우 사무총괄 등을 본부 임원으로 삼았다. 대한광복회는 전국을 8도로 나눠 경상도(채기중)와 충청도(김한종), 전라도(이병찬), 경기도(김선호), 함경도(최봉주), 평안도(조현균), 황해도(이관구), 강원도(김동호)에 지부장을 두고 독립투쟁에 나섰다. 대한광복회는 지부조직과 함께 활동 거점을 대구·영주·삼척·광주·예산·연기·인천·만주 등에 두었다. 대구의 상덕태상회 등 국내 상업조직을 활용해 중국의 안동여관(손회당·손일민)과 삼달양행(이관구), 상원양행(이관구 외), 만주지부(우재룡 지휘장이 손일민·주진수 등과 설립한 길림광복회)와 연계했다. 만주지부장은 이진룡의 1918년 순국으로 김좌진이 뒤를 이었다.

대한광복회 정신은 '독립을 위해 이 한 몸을 바침은 물론 일생에서 이루지 못하면 자자손손에 이어 내려가며…원수 일본을 완전히 물리치고 광복하기까지…오직 한마음으로 싸울 것을 천지신명께' 맹세한 데서 잘 나타난다. 대한광복회는 4대 행동강령과 7가지 기본방침을 정했다. **4대 강령은 비밀, 암살, 폭동, 명령으로 삼았고, 7가지 기본방침은 무력준비, 무력양성, 군인양성, 무기구입, 기관설치, 행형부, 무력전**이었다. 대한광복회의 무장 투쟁 독립운동은 1919년 11월 중국 길림에서 결성된 의열단의 무장 의열 투쟁으로 이어졌다.

대한광복회는 군자금 마련에 남다른 노력을 기울였다. 특히 7가지 기본강령의 다섯 번째 '기관설치' 조항을 보면 짐작할 수 있다. 즉 '대한·만주·북경·상해 등 요처에 기관을 설치하되, 대구의 상덕태상회에 본부를 두고 각지에 지점과 여관 또는 광업소를 두고 이를 대한광복회의 군사행동의 집회 왕래 등 일제 연락기관으로 한다'는 부분이다. 『고등경찰요사』 기록도 이를 뒷받침한다. 즉 『고등경찰요사』에는 "조선 내 주요한 곳 100개소에, 1개소 10,000원의 자본으로 잡화상을 개업하여 그 이익을 갖고 국권회복의 자금으로 충당함과 동시에 무기의 구입을 도모…"라고 돼 있다.

(2) 대한광복회의 활동

대한광복회는 1915년 8월 25일 결성 이후, 1918년 2월 조직원 밀고로 정체가 발각되고 검거 선풍으로 와해됐지만 이후에도 활동했다. 대한광복회 활동은 크게 군자금 마련 활동과 친일파 처단으로 볼 수 있다. 대담한 친일파 처단은 일제 경찰을 긴장시켰고 친일 부호들에게 경각심을 심어주었다.

대한광복회의 주요 활동을 살펴보면 **정부 세금을 겨냥한 경북 경주 우편마차 습격, 전남 보성 양재성처단, 충남 직산광산공격, 전남 보성 서도현교장살해, 대구부호 서우순에게 접근했다 실패한 대구권총사건, 영월중석광공격, 운산금광습격, 전남 보성 서인선납치, 중국 단둥 화폐위조, 경북 칠곡부호 장승원응징, 충남 아산 박용하면장암살, 경북 영주대동상점사건, 경북 안동 이동흠군자금사건** 등이다. 이런 활동을 한 대한광복회원 규모는 정확히 알기 어렵다. 국가보훈처 공훈록 등으로 파악된 국가서훈 광복회 관련자는 116명이며, 전체 회원은 200여 명으로 추정된다.

① **경북 경주 우편마차 습격**

대한광복회의 첫째 활동 사례는 1915년 11월 17일 경주·영일·영덕 등에서 거둔 세금 8,700원을 싣고 경주에서 대구로 가던 일본 우편마차에 실린 정부세금을 갖고 사라진 우편마차 습격사건이다. 광복 이후에야 밝혀진 이 사건은 대한광복회 최준 재무부장의 정보를 바탕으로 권영만·우재룡 두 지휘장이 행동에 나서 성공한 군자금 확보 거사였다. 이들은 경주에서 거사 계획을 세우고 치밀한 작전을 폈다. 미리 매복해 경북 경주군 아화면에서 대구로 가는 도중에 있는 나무다리인 효현교 일부를 파손하여 마차가 다리 아래 강물로 건너도록 유인했다. 이어 마차에 실린 행낭 속 세금을 갖고 사라졌다.

이 사건은 경찰도 밝혀내지 못해 광복 때까지 미제가 됐다. 이와 유사한 군자금 마련 행동으로는 1916년 10월 6일 평북 영변군 팔원면 이진룡 만주지부장을 비롯한 9명이 거사한 운산금광습격사건이 있다. 이들은 금광회사 현금 70,000원 수송마차 2대를 습격, 총격전까지 벌였으나 실패했다. 일본순사 등 6명이 죽고 이 지부장 등은 1917년 5월 체포됐고 이 지부장은 1918년 사형으로 순국했다.

② 대구권총사건

1916년 대구부호 서우순 대상의 권총 독립자금 마련 거사는 박상진 총사령이 조선국권회복단에서 같이 활동했던 이시영, 홍주일, 정운일, 김재열 등과 대구 출신 최병규, 최준명, 김진만·김진우 형제 등과 추진했다. 흔히 대구권총강도사건으로 불렸다.

대구에서는 부호를 겨냥한 독립군자금 마련 계획과 행동이 1915년 4~6월 김재열, 최준명, 최병규, 정운일 등에 의해 진행됐다. 부호들의 거절로 중단됐으나 1915년 8월 25일 대한광복회 결성으로 재추진됐다. 1915년 11월 4일 김진우는 대구의 세 부호인 정재학에게 50,000원, 이장우 20,000원, 서우순 10,000원의 군자금 요청 통지서를 보냈으나 불응하자 박상진이 가세하고 김진만이 지휘했다. 김진만은 장인인 서우순이 집에 거액의 현금을 보관 중인 사실을 알고 일행과 함께 1916년 9월 4일 밤 대구 남산동 서우순집 담을 넘어 군자금을 요청했다.

서우순이 소리치고 집사 우도길이 퇴로를 막자 김진우는 권총을 쏘고 일행과 사라졌다. 경찰에 붙잡힌 김진만·김진우 형제 등 9명은 4개월~12년 징역형을, 달아난 2명도 징역 10년을 선고받았다. 동참한 서우순 아들(서상준)은 아버지에 대한 효(孝)와 동지애 사이에서의 갈등으로 스스로 목숨을 끊고 삶을 마쳤다.

③ 경북 칠곡부호 장승원 응징

대한광복회는 친일파도 응징했다. 박상진 총사령은 대구권총사건으로 대구감옥 수감 전인 1916년 7~8월 5차례 경북 칠곡 친일파 장승원 전 경북도관찰사를 처단하려다 실패한 적이 있었다. 6개월 옥살이 뒤 1917년 7월 석방된 박상진은 전국 지부조직을 통해 군자금 모금 대상 자산가 파악과 함께 친일파 처단 대상을 골랐다. 자발 의연이 없는 친일 부호에게 경각심을 주기 위해 친일파 처단과 응징이 필요하다는 판단에서였다. 대상으로는 경상도 칠곡의 부호 장승원과 충청도 악질 면장으로 평가된 아산 도고면장 박용하, 전라도 보성의 양재학과 벌교의 서도현이었다.

먼저 장승원을 꼽은 이유는 다음과 같다. 장승원은 한말 경북도관찰사 자리와 관련, 당시 평리원장 허위의 도움을 받고도 의병자금 200,000원 헌금 약속을 어겼다. 그 절반의 제안도 거부하고 밀

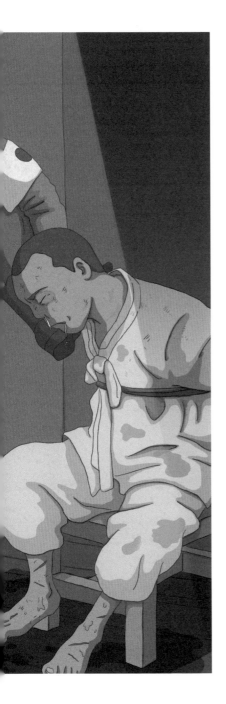

고까지 했다. 또 왜관의 한 여성을 죽이고 사인도 조작했다는 평판이 있었다. 서대문감옥에서 제1호로 순국한 스승 허위 의병장의 시신을 거둔 제자 박상진에게 장승원의 행위는 응징의 명분이었다.

장승원 처단을 광복단장 출신 채기중 경상도지부장에게 맡겼고, 채기중은 임봉주·강순필·유창순과 함께 처단조를 꾸려 1917년 9월 23일(양력 11월 10일) 밤 권총 처단에 성공했다. 우재룡 등이 1916년 7월 3일(음)과 8일(음), 13일(음), 8월 6일(음)과 11일(음) 탐문과 현장 답사로 처단을 시도했으나 장승원의 부재(不在)와 나쁜 여건 등으로 모두 실패했던 터였다. 장승원 처단에 성공한 광복회원들은 경고문을 남기고 물러나 안동에서 흩어졌다. 또 광복회 충청지부장 김한종은 1918년 1월 24일 충남 아산 도고면장 박용하를 김경태·임봉주를 통해 사살하고 현장에 '이번에 지령을 어겼으니 사형에 처한다'는 글을 남겼다.

광복회는 조선총독암살 계획을 세우기

도 했고, 전남 보성에서 서도현교장 살해 등으로 군자금 모금 활동과 친일파 처단 활동을 멈추지 않았다.

④ 대한광복회의 광산공격과 계속된 독립 투쟁

대한광복회의 광산 대상 군자금 확보투쟁에는 1916년 6월의 충남 직산광산공격과 그해 10월 강원도에서 펼쳐진 영월중석광공격, 평북 영변의 운산금광습격 사건이 있다. 그러나 광산을 통한 군자금 확보전략은 여건이 맞지 않아 포기(직산광산·영월중석광)하거나 실패(운산금광)로 끝났다. 광산을 통한 군자금 조달계획이 차질을 빚자 대한광복회는 회원의 의연금 한계로 전국 지부조직을 통해 파악된 각 지방 자산가와 부호에게 의연금 모금을 위한 통고문과 포고문 발송에 나섰다. 이는 우재룡 지휘장이 맡았다. 그는 1917년 8월 신의주와 중국 안동에서 채

기중 경상도지부장의 경상북도 15군 조사자료를 바탕으로 자산가들에게 통고문을 보냈다. 우재룡은 1917년 12월~1918년 1월에도 중국 안동, 봉천 등지를 돌며 김한종 충청도지부장과 김동호 강원도지부장이 마련한 자산가 명단을 갖고 포고문을 발송했다. 수백통 넘는 발송에도 성과는 1,000원에 불과했다.

군자금 마련 노력은 이진룡 뒤를 이어 만주지부장이 된 김좌진의 위조지폐 제조 구상으로 이어졌다. 1911년 독립운동으로 징역 2년형을 받아 서대문감옥에 수감돼 1913년 9월 출감한 그는 이후 대한광복회에 가입, 위폐로 군자금을 마련할 계획을 세웠다. 1917년 4월(음) 발각돼 위폐제조는 실행되지 못했고 1917년 5월 이진룡이 체포되자 만주책임자가 됐다. 파견 직전 1917년 8월, 광복회 유일 여성회원 어재하의 서울 집에서 열린 송별연에는 박상진 총사령과 김한종 충청지부장이 참석했다. 한편 경북 영주에서는 1915년 8월 3일 대동상점이란 잡화상

이 생겼는데 대한광복회 결성 이후 경상도지부의 활동 근거지가 됐다. 권영목 등 영주사람들이 만든 대동상점은 만주 이전을 추진하다 헌병대에 발각됐는데, 대동상점은 1915년 12월 우재룡 등이 설립한 길림광복회에 자금을 제공했다.

[대한광복회 경력(관련) 독립운동가 서훈 116명 명단(가나다순)]

구분	이름	한자	출생	사망	생애	훈격	운동계열	연도	본적(주소)
1	강병수	姜秉秀	1882	1921	40	독립장	국내항일	1963	경북 상주군
2	강석주	姜奭周	1896	?	?	애족장	국내항일	1990	충남 아산군
3	경석조	慶錫祚	1881	1957	77	애족장	만주방면	1990	충북 괴산군
4	계화	桂和	1885	1921	37	독립장	만주방면	1963	평북 선천군
5	고제신	高濟臣	1883	1943	61	애국장	국내항일	1990	전북 부안군
6	곽경렬	郭京烈	1901	1963	61	애국장	국내항일	1990	전북 김제군
7	권상수	權相洙	1873	1942	70	애족장	국내항일	1995	경북 영주군
8	권영만	權寧萬	1877	1964	88	독립장	국내항일	1963	경북 청송군
9	권영목	權寧睦	1884	1935	52	애족장	중국방면	2007	경북 영주군
10	권준	權晙	1895	1959	65	독립장	중국방면	1963	경북 상주군
11	권준희	權準羲	1849	1936	88	대통령표창	국내항일	2018	경북 안동군
12	권중수	權重秀	1896	1980	85	애족장	국내항일	1990	경북 의성군
13	김경태	金敬泰	1880	1921	42	독립장	국내항일	1963	충남 청양군
14	김동호	金東浩	?	?	?	애족장	국내항일	1990	강원 삼척군
15	김상준	金商俊	1885	1944	60	애족장	국내항일	1990	충남 예산군
16	김성묵	金成默	1862	1939	78	건국포장	국내항일	2021	충남 예산군
17	김완묵	金完默	1868	1927	60	대통령표창	국내항일	2021	충남 예산군
18	김원묵	金元默	1891	1972	82	애족장	국내항일	1990	충남 예산군
19	김원섭	金元燮	1884	?	?	애족장	만주방면	2010	경기 수원부

20	김일	金鎰	?	1925	?	애국장	만주방면	2010	강원도
21	김재열	金在烈	1884	1948	65	애족장	국내항일	1990	경북 고령군
22	김재정	金在貞	1861	1940	80	애족장	국내항일	1990	충남 예산군
23	김재창	金在昶	1887	1961	75	애국장	국내항일	1990	충남 예산군
24	김재철	金在哲	1873	1930	58	애족장	국내항일	1990	충남 예산군
25	김재풍	金在豊	1884	1960	77	애족장	국내항일	1990	충남 예산군
26	김좌진	金佐鎭	1889	1930	42	대한민국장	만주방면	1962	충남 홍성군
27	김진만	金鎭萬	1876	1934	59	독립장	국내항일	1977	경북 대구부
28	김진우	金鎭禹	1881	?	?	애국장	국내항일	1990	경북 대구부
29	김한종	金漢鍾	1883	1921	39	독립장	국내항일	1963	충남 예산군
30	김홍두	金弘斗	1879	1933	55	애국장	국내항일	1991	전남 광산군
31	김홍일	金洪一	1881	?	?	애국장	의병	2016	전북 부안군
32	김후병	金厚秉	1874	1964	92	애족장	국내항일	1993	경북 안동군
33	노백린	盧伯麟	1874	1925	52	대통령장	임시정부	1962	황해 송화군
34	박문용	朴文鎔	1882	1929	48	독립장	임시정부	1980	전남 보성군
35	박상진	朴尙鎭	1884	1921	38	독립장	국내항일	1963	경북 경주군
36	박장희	朴壯熙	1895	1950	56	애족장	만주방면	1990	충남 연기군
37	박제선	朴齊璿	1878	1938	61	애국장	만주방면	1990	경북 영주군
38	변동식	邊東植	1878	1948	71	애국장	만주방면	1990	황해 평산군
39	변동환	邊東煥	?	?	?	애족장	만주방면	1990	황해 해주군
40	성달영	成達永	1873	1933	61	애족장	국내항일	1990	충남 아산군
41	성문영	成文永	1887	1961	75	애족장	국내항일	1990	충남 아산군
42	소진형	蘇鎭亨	1886	1936	51	애국장	임시정부	1990	전북 익산군
43	손기찬	孫基瓚	1886	1979	94	애족장	국내항일	1990	경북 칠곡군
44	손양윤	孫亮尹	1878	1940	63	독립장	만주방면	1977	경북 달성군
45	손일민	孫一民	1884	1940	57	애국장	임시정부	1990	경남 밀양군

46	신현규	申鉉圭	1888	1928	41	독립장	국내항일	2002	충북 괴산군
47	신현대	申鉉大	?	1924	?	애국장	만주방면	2005	미상
48	안종운	安鍾雲	1883	1948	66	애국장	국내항일	1990	충남 논산군
49	양제안	梁濟安	1860	1929	70	애국장	의병	1990	경북 영일군
50	양한위	梁漢緯	1883	1949	67	애국장	국내항일	1990	충북 옥천군
51	엄정섭	嚴正燮	1885	1960	76	애족장	국내항일	2011	충남 청양군
52	여준현	呂駿鉉	1876	1950	75	애족장	국내항일	2011	경기 양평군
53	우재룡	禹在龍	1884	1955	72	독립장	국내항일	1963	경남 창녕군
54	유명수	柳明秀	1893	1926	34	애족장	국내항일	1996	경북 봉화군
55	유석현	劉錫鉉	1900	?	?	독립장	중국방면	1977	충북 청주군
56	유장렬	柳璋烈	1878	1966	89	독립장	국내방면	1977	전북 고창군
57	유중협	柳重協	1891	1959	69	애족장	국내항일	1990	충남 천안군
58	유진태	俞鎭泰	1872	1942	71	애국장	국내항일	1993	충북 괴산군
59	유창순	庾昌淳	1880	1943	64	독립장	국내항일	1990	충남 천안군
60	윤병일	尹炳日	1872	1957	86	애족장	의병	1990	충남 청양군
61	윤창기	尹昌基	1888	1927	40	애족장	국내항일	1990	경북 대구부
62	윤창하	尹昌夏	1884	1964	81	대통령표창	국내항일	2005	경북 예천군
63	윤홍중	尹洪重	1875	1943	69	애족장	국내항일	1990	충남 논산군
64	이관구	李觀求	1885	1953	69	애국장	국내항일	1990	황해 송화군
65	이교덕	李教悳	1895	1955	61	대통령표창	국내항일	2008	경북 영주군
66	이근석	李根奭	1888	?	?	애국장	만주방면	2010	황해 신천군
67	이동찬	李東燦	1894	1934	41	애국장	국내항일	1991	경기 고양군
68	이동흠	李棟欽	1881	1967	87	애족장	국내항일	1990	경북 안동군
69	이민식	李敏軾	1875	1934	60	애족장	국내항일	2011	경기 포천군
70	이병호	李秉昊	1886	1955	70	애족장	국내항일	1990	전남 보성군
71	이상래	李祥來	1891	?	?	건국포장	국내항일	2018	충남 공주군

72	이순구	李純久	1884	1983	100	애국장	의병	1991	경북 월성군
73	이시영	李始榮	1882	1919	38	애족장	국내항일	1990	경북 대구부
74	이재덕	李在德	1888	1961	74	애족장	국내항일	1990	충남 예산군
75	이재환	李載煥	1889	1951	63	애국장	임시정부	1990	전북 익산군
76	이정희	李庭禧	1881	1955	75	애국장	임시정부	1990	경북 청도군
77	이종영	李鍾韺	1886	1926	41	건국포장	국내항일	1993	경북 안동군
78	이진룡	李鎭龍	1879	1918	40	독립장	의병	1962	황해 평산군
79	이학희	李鶴熹	1890	1918	29	대통령표창	국내항일	2020	황해 벽성군
80	임봉주	林鳳柱	1880	1921	39	독립장	국내항일	1963	경북 영주군
81	장두환	張斗煥	1894	1921	28	독립장	국내항일	1963	충남 천안군
82	장응규	張應圭	1872	?	?	애국장	국내항일	2011	경기 서울부
83	장진홍	張鎭弘	1895	1930	36	독립장	의열투쟁	1962	경북 칠곡군
84	정순영	鄭舜永	1879	1941	63	애족장	만주방면	1990	경북 성주군
85	정우풍	鄭雨豊	1879	1956	78	애족장	국내항일	1990	충남 아산군
86	정운기	鄭雲淇	1875	1943	68	애국장	국내항일	1990	충북 괴산군
87	정운일	鄭雲馹	1884	1956	73	애국장	국내항일	1990	경북 대구부
88	정응봉	鄭應鳳	1895	1947	53	애국장	국내항일	1998	경북 영주군
89	정진화	鄭鎭華	1873	1945	73	애국장	국내항일	1990	경북 예천군
90	정태복	鄭泰復	1888	1960	73	애족장	국내항일	1992	충남 홍성군
91	조맹선	趙孟善	?	?	?	독립장	만주방면	1962	황해 평산군
92	조선환	曹善煥	1889	?	?	애국장	국내항일	2011	황해 신천군
93	조용필	趙鏞弼	1867	1946	80	애족장	국내항일	1990	경북 예천군
94	조재하	趙在夏	1872	1937	66	애족장	국내항일	2010	경북 영주군
95	조종철	趙鍾哲	1891	1957	67	애국장	국내항일	1991	충남 천안군
96	조한명	趙漢明	1893	1962	70	애국장	국내항일	1991	경기 양주군
97	조현균	趙賢均	1871	1949	79	애족장	국내항일	1990	평북 정주군

98	주진수	朱鎭洙	1875	1936	62	애국장	만주방면	1991	경북 울진군
99	채기목	蔡基穆	1883	1962	80	대통령표창	국내항일	2020	경북 영주군
100	채기중	蔡基仲	1873	1921	49	독립장	국내항일	1963	경북 상주군
101	최면식	崔勉植	1891	1941	51	애국장	국내항일	1990	경기 포천군
102	최병규	崔丙圭	1881	1931	51	애국장	국내항일	1990	경북 대구부
103	최봉주	崔鳳周	1885	1923	39	애국장	만주방면	2010	함북 길주군
104	최익환	崔益煥	1889	1959	71	애국장	국내항일	1990	충남 홍성군
105	최준	崔浚	1884	1970	87	애족장	국내항일	1990	경북 경주군
106	편강열	片康烈	1892	1929	38	대통령장	계몽운동	1962	황해 연백군
107	한성근	韓聖根	1889	?	?	애국장	만주방면	2011	황해 송화군
108	한태석	韓泰錫	1876	1949	74	애국장	국내항일	1990	충남 청양군
109	한훈	韓焄	1889	1950	62	독립장	의열투쟁	1968	충남 청양군
110	허병률	許秉律	1885	1943	59	애국장	국내항일	1990	경북 경산군
111	홍주일	洪宙一	1875	1927	53	애국장	3.1운동	1990	경북 대구부
112	홍현주	洪顯周	1883	1945	63	애족장	국내항일	1990	충남 청양군
113	황봉신	黃鳳信	1887	1918	32	독립장	의병	1995	황해 평산군
114	황봉운	黃鳳雲	1889	1918	30	독립장	의병	1995	평남 성천군
115	황학성	黃學性	1883	1947	65	애족장	국내항일	1990	충남 청양군
116	황상규	黃尙奎	1891	1931	41	독립장	중국방면	1963	경남 밀양군

(3) 대한광복회의 와해와 희생

대한광복회의 친일 부호 암살과 독립자금 요구편지 배달이 잇따르자 일제는 수사에 들어갔다. 1918년 1월 24일 박용하 도고면장 살해사건의 수사 중 광복회 원인 이종국의 밀고로 1월 27일 장두환이 체포됐다. 박용하사건과 장승원사건 모두 대한광복회원들이 감행한 일로 드러나게 됐다.

경찰의 검거 선풍으로 1918년 2월 박상진 등 주요 인물들이 붙잡히면서 대한광복회는 와해 위기를 맞았다. 당시 적발된 회원은 경상북도경찰부의 비밀자료집인 『고등경찰요사』에 따르면 62명에 이른다. 지역별로는 충청도 20명, 경상도 17명, 황해도 6명 등으로 나타났다.

이들 가운데 1918년 10월 19일 공주지방법원에서 40명이 예심에 넘겨져 김재정 등 8명은 면소되고, 박상진·채기중·김한종 등 32명은 재판에 회부됐다. 1919년 2월 28일 1심 판결에서 사형선고는 7명(박상진·채기중·김한종·임세규·김경태·유창순·장두환)이나 됐다. 나머지 17명 유죄 선고자 가운데 김재창은 징역 7년, 징역 3년은 2명(김재풍·손기찬), 징역 2년6월 2명(김재철·조종철), 징역 1년 9명(강성주·윤창하·김상준·이재덕·정태복·황학성·이병호·최면식·신양춘), 징역 6월 2명(김동호·김원묵), 징역 5년 1명(조재하)이었다. 무죄는 8명(권성욱·성문영·조용필·정진화·유중협·성달영·정우풍·정운기)이었다.

경성복심법원에 항소한 유창순은 징역 14년형, 장두환은 징역 7년형, 김재풍·손기찬·윤창하는 태(笞) 90으로 감형됐다. 나머지는 기각되어 박상진·채기중·김한종·임세규·김경태·김재창은 고등법원에 상고했으나 박상진과 김한종은 대구복심법원으로 환송되고 나머지는 상고기각으로 형이 확정됐다. 특히 대구복심법원에서 박상진과 김한종은 재심 기각으로 1921년 8월 11일 같은 날 사형됐다. 대한광복회 황해도·평안도지부 회원들은 해주지방법원과 평양복심법원에서 재판을 받았는데 이관구 징역 2년, 박원동 징역 5년, 성낙규 징역 7년, 오찬근 징역 15년, 이근영 징역 5년을 선고받았다. 광복회원으로서 사형과 고문 후유증 등으로 옥중에서 순국한 회원은 11명(강병수·김경태·김한종·박상진·이진룡·임세규·장두환·장진홍·채기중·황봉신·황봉운)에 이른다.

[서훈 대한광복회원의 사형집행 또는 옥중 순국자(가나다순)]

이름	출생	사망	생애	주소	사형집행	순국처	서훈
강병수	1882	1921	40	경북 상주	1921.미상	서대문감옥	독립장
김경태	1880	1921	42	충남 청양	1921.08.12	서대문감옥	독립장
김한종	1883	1921	39	충남 예산	1921.08.11	대구감옥	독립장
박상진	1884	1921	38	경남 울산	1921.08.11	대구감옥	독립장
이진룡	1879	1918	40	황해 평산	1918.05.01	평양감옥	독립장
임세규	1880	1921	39	경북 영주	1921.08.12	서대문감옥	독립장
장두환	1894	1921	28	충남 천안	1921.04.28	징역 7년형 마포감옥 옥중순국	독립장
장진홍	1895	1930	36	경북 칠곡	1930.06.05	대구형무소 옥중자결	독립장
채기중	1873	1921	49	경북 상주	1921.08.12	서대문감옥	독립장
황봉신	1887	1918	32	황해 평산	1918.05.01	평양감옥	독립장
황봉운	1889	1918	30	평남 성천	1918.05.01	평양감옥	독립장
평균 나이					38세		

(4) 대한광복회 부활 활동

대한광복회의 생존 회원은 잠적해 활동 무대를 나라 밖으로 옮기거나 국내에서 재기의 기회를 보며 때를 기다렸다. 1919년 3·1만세운동이 일어나고 살아남은 우재룡·권영만 지휘장과 한훈 등은 재기를 위한 활동에 나섰다.

우재룡은 1919년 4월 국내에 들어와 권영만·안종운·소진형·이재환 등 회원들과 충청도 일원에서 활동을 재개했다. 또한 상해임시정부와 연계하여 활동하기 위한 단체도 조직됐다. 1920년 5월 3일(음력 3월 15일)결성된 광복단결사대(조선독립군사령부)와 그해 6월의 주비단이다.

광복단결사대는 광복회 출신인 대구 우재룡과 전라도 한훈, 불변단 출신 박문용 등이 주축이 돼 결성된 단체였다. 광복단결사대는 친일파 처단과 군자금 모금을 목표로 삼아 활동을 벌였다. 또 광복단결사대는 김상옥의 암살단과 함께 1920년 8월 미국 의원단의 방한에 맞춰 의거를 일으킬 계획을 세웠으나 의원단 도착 하루 전인 8월 23일 일제의 예비검속으로 한훈을 비롯한 16명이 검거되면서 조직이 와해되고 거사는 실패했다.

주비단은 1920년 6월 서울에서 임시정부 후원을 위해 조직됐는데, 우재룡은 대한제국 관리 출신인 이민식 등과 함께 참여했다. 주비단은 결성 이후 8월과 9월에 조직을 개편하고 임시정부와 연계한 활동을 벌였는데 주목표는 독립자금 확보였다. 주비단 모금 자금은 임시정부와 만주의 김좌진의 활동을 지원하기 위해서였다. 주비단에는 김좌진 관련 인물이 여럿 포함됐다. 친동생 김동진, 김좌진의 종질(從姪) 김성진, 김좌진과 종숙인 김준한, 김성진과 보성고등보통학교 동기생인 김양한·이상만 등이 주비단에 참여했다.

대한광복회 부활 노력은, 1920년 6월 27일 권영만이 대구에서 친일파 처단을 위한 무기구입 등으로 체포되고, 우재룡도 서울에서 1921년 4월 17일 군산에 내려왔다 이튿날 붙잡히면서 중단됐다. 대한광복회 재건은 1945년 광복 이후 12월 우재룡, 권영만, 한훈 등이 옛 광복회를 위해 모일 때까지 기다려야 했다.

4

1919년 3·8만세운동과
파리장서운동

4. 1919년 3·8만세운동과 파리장서운동

일제 무단통치에 맞선 저항으로 한국은 거대한 감옥으로 변했고, 탄압이 더할수록 독립투쟁도 멈추지 않았던 1910년대였다. 그리고 1919년 3월 1일 만세운동으로 이어졌다. 도화선은 일본 유학 한인 학생들의 2·8 독립선언이었다. 서울에서 3월 1일 시작된 만세운동은 3월 8일 대구 서문시장에서 경북지역 처음으로 일어나면서 경북 곳곳으로 전파됐다. 대구 서문시장 만세운동의 불길은 경북 고을 곳곳으로 퍼졌고 5월 7일까지 꺼질 줄 몰랐다. 1907년 국채보상운동으로 대구여성들이 사회진출에 눈을 뜨고 식민지 현실에 대한 관심을 분출시킨 것처럼 대구의 민중, 학생, 청년들도 만세운동으로 달라졌다. 3·8만세운동에서 많은 희생을 치른 젊은이들은 대구사회의 변화에 앞장섰다. 대구 젊은이의 희생이 컸던 3월 만세운동 이후 대구유림도 파리장서(巴里長書)운동으로 독립을 호소하며 힘을 보탰다. 전국 137명 유림이 서명한 가운데 달성군(11명)을 포함한 대구(2명)의 유림은 경북 성주(15명) 다음으로 많은 13명에 이를 만큼 적극 동참했다.

1) 대구 3·8만세운동

제1차 세계대전이 끝나고 민족자결을 외치는 국제사회의 변화를 자각하며 노예와 같은 일제 식민지배 10년의 질곡에서 벗어나기 위한 만세운동에 국내 종교 지도자들이 뭉쳤다. 천도교(15명)와 개신교(16명), 불교계(2명) 대표가 3월 1일을 기해 독립선언서를 낭독하고 자주독립국임을 선언했다. 대구도 늦었지만 3·1만세운동이 터지자 종교 지도자와 교사·학생 중심으로 신속하게 움직였다. 일제 감시망을 피해 각급 학교 간 인원동원 연락에 나서고, 밤을 새며 태극기를 만들고, 유인물을 자건거로 나르는 등 역할 분담과 차질 없는 준비로 거사를 성공시켰다.

(1)늦은 거사 준비와 역할 분담

일본 2·8독립선언 이후 상해 망명객 김규식의 부인이자, 신한청년당에서 보낸 김순애는 2월 16일(15일) 대구에서 남성정교회(현 제일교회) 이만집 목사를 만나 국제정세 이야기를 나눴다. 김순애는 계성학교 교사인 남산정교회(현 남산교회) 백남채 장로, 천도교 홍주일 경북교구장 등과도 만났다. 김순애는 백남채의 친동생 백남규와 동행했는데, 이로 인해 백남채는 대구만세운동 거사를 앞두고 예비검속됐다.

대구 출신의 세브란스의학전문학교 학생으로 3·1만세운동 때 영남권 연락에 참여한 김문진처럼, 세브란스병원에 근무하며 33인 민족대표 최연소자로 활동한 이갑성도 2월 24일 밤 대구를 찾았다. 민족대표 진영 영남권 담당 연락책임자로 기독교계측 대구경북지역 독립선언서 배포를 맡은 이갑성은 남성정교회 이만집 목사와 남산정교회 김태련(김주현) 조사, 남산정교회 백남채 장로 등과 만났다. 이갑성은 이들에게 3월 만세운동 계획을 전하고 전국 시위개최 때 대구 종교계 지도자의 시위동참과 이만집 목사의 서명을 요청했다. 이갑성은 요청이 받아들여지지 않자 25일 상경한 뒤 26일 김문진을 이만집에게 다시 보냈다. 이갑성은 3·1만세운동 전후 세브란스의전 학생 이굉상(이용상)에게 독립선언서 200매를 주고 대구의 이만집 목사를 찾도록 했다. 3월 3일 독립선언서를 받은 이만집 목사는 만세시위 참여를 결심하고 준비했다.

이만집 목사는 남산정교회 김태련 조사와 신정교회(현 서문교회) 장로인 계성학교 김영서 학감(현 교무주임)을 만나 서울 3월 1일(토)처럼 3월 8일(토) 오후 3시(1시) 서문 밖 즉 서문시장에서 만세거사를 하기로 뜻을 모았다. 3월 8일로 거사날짜를 잡은 것은 토요일 장날이라 사람들과 수업을 마친 학생 참여가 쉽기 때문이었다. 남은 과제는 동지를 모아 역할을 나눠 시위를 준비하는 일이었다. 학교 간 연락과 함께 태극기나 유인물 인쇄 등 당일 쓰일 물품을 갖춰야 했다. 교계에서는 신정교회 정재순 목사와 정광순 장로를, 계성학교에서는 백남채·최상원·최경학·권의윤 교사를 합류시켜 준비반을 꾸렸다. 거사는 남성정교회(이만집 목사)와 신정교회(정재순 목사·정광순 장로), 남산정교회(김태련 조사)의 세 교회와 계성학교(학감 1명과 교사 4명) 인사로 준비해 출발을 했다.

역할 분담으로 김태련 조사는 서울에서 내려온 200매의 독립선언문을 남산동 자기 집에서 계성학교 등사판으로 200매 더 인쇄했고 태극기 40매는 시위 전날인 7일 밤을 새며 준비했다. 또 김영서 등 계성학교 교사들과 김재범·김삼도 등 계성학교 학생들은 학교 아담스관 지하실에서 독립선언서를 등사했고, 박태현·이영식 등 학생은 각자 집에서 태극기를 준비했다. 또 이영식 학생은 독립선언서 일부를 자전거로 어둠을 틈타 경북 칠곡군 인동까지 전달했다. 이만집 목사는 군중의 참여 동원에 나섰고, 계성학교 학생 동원은 김영서 학감과 네 교사가 맡음으로써 교인과 계성학생 참여 독려역할은 분담됐다. 다른 학교 학생참여 방법 논의도 진행됐다.

마침 대구 계성학교 출신으로 평양 숭실전문학교에 다니던 김무생이 대구 대남여관에 머물렀는데 여관주인 아들이 대구고등보통학교(현 경북고등학교) 4년생 허범이었다. 허범은 계성학교 최상원 교사와 거사를 논의하고, 최상원은 김무생과 함께 허범, 당시 대구고보 4년 신현욱을 만나 만세운동 동참을 요청했다. 대구고보에서도 거사 준비 움직임이 돌던 터여서 대구고보 학생동원 문제는 풀렸다. 이상화도 서울에서 내려와 대구에 머물던 때라 거사에 참여했다. 신명여학교 학생참여는 김무생과 신명여학교 이재인 교사와 졸업생 직원 임봉선, 졸업생 이선애가 맡았다. 당시 대구에 개설돼 운영 중이던 성경(성서)학교 수강학생들 동원은 경북 의성군 산운면 교회 이태학 조사가 서울에서 대구에 왔다 3월 7일 이만집 목사를 만나 시위동참을 결심하면서 이뤄졌다. 계성학교, 대구고보, 신명여학교에다 성경학교 학생까지 연대하게 됐다.

(2) 세 차례 대구 만세운동

3월 8일 대구 서문시장 만세시위 거사는 위기를 맞기도 했다. 일제가 3월 4일 예비검속으로 천도교 홍주일 경북교구장을 붙잡고, 3월 7일에도 계성학교 백남채 교사를 예비검속한 때문이다. 그러나 3월 8일 서문시장 큰장 거사를 시작으로 대구에서는 3월 10일 덕산정시장(남문밖 시장), 3월 30일 동화사 지방학림(남문밖 시장), 달성군에서는 4월 25일 수성면 대명동 공동묘지 시위와 4월 26일과 28일의 공산면 미대동 여봉산 시위로 이어졌다.

① 1차 3·8 서문시장 만세운동

장날인 3월 8일 이만집 목사와 김태련 조사 등은 큰장 즉 서문시장에 도착해 기다렸다. 정오가 지나자 수업을 마친 계성학교 40여 명 학생과 신명여학생 약 10명, 성경학교 수강생 20명도 박장호 인솔교사를 따라 도착했다. 그러나 오후2시 넘도록 대구고보 학생들이 도착하지 않아 기다릴 즈음, 오후3시 가까이 되자

학생들이 도착했다. 전교생 239명(234명) 가운데 200여 명(약 220명)이 참석했는데 교사들과 경찰 저지선까지 뚫고 오느라 늦었다. 학생과 상인 등 1,800여 명의 시위 참여자가 모이자 기마경찰들은 제지하려 했고 이만집 목사와 김태련 조사는 근처 쌀가마를 옮겨 포개고 연단을 만들어 올라섰다. 김태련 조사는 독립선언서를 낭독하려다 경찰 제지로 읽지 못하고 공약 3장을 외쳤다.

이만집 목사는 '대한독립만세'를 선창하며 학생과 군중들의 만세구호 합창을 이끌어냈다.

이어 농민 안경수가 대형 태극기를 장대에 매달아 앞장서고 서문시장을 떠나 가두행진에 나섰다. 시위행렬은 기마경찰과 대치하며 대구경찰서(현 중부경찰서)로 행진했고, 경찰서 옥상에는 기관총 4~5정이 시위대를 겨누고 있었다. 시위 군중이 만경관 방면으로 방향을 틀어 종로쪽인 경정통(京町通)으로 가자 양화방 직공으로 일하던 강학봉이 제화공들과 합세했다. 시위대는 약전골목에 이르러 다시 방향을 틀어 중앙로를 건너 중앙파출소 앞으로 지나 옛 달성군청(현 대구백화점)에 이르렀다. 대구헌병대 소속 헌병들과 보병 제80연대 소속 일본군들은 5~6대의 기관총에 착검한 채 대기하다 무자비하게 진압에 나서기 시작했다.

이날 시위로 157명이 검거되고 67명이 기소됐다. 시위 진압과정에서 김태련 조사가 경찰 구타를 당하자 아들 김용해가 항의했고, 일제 군경은 김용해를 때리고 쓰러진 그를 경찰서로 끌고 갔다. 이후 대구감옥으로 이송돼 20일만에 가출옥(3월 27일)됐으나 29일 사망하고 말았다. 장례식은 대구기독교청년회장으로 치러졌다.

외아들의 죽음에 김태련 조사는 2년 6개월 대구감옥 옥살이 노임으로 받은 3원 50전을 들여 아들의 묘비를 세웠다. 그는 묘비에 '기미년 3월이여(己未三月)/ 흘러 넘친 의로운 피(義血淋漓)/ 아비의 아픈 품삯으로(乃爺苦貰)/ 아침해 바라보며 이 돌을 세운다(立石朝陽)'라는 글을 새겨 죽은 아들을 기렸다.

② 제2·3차 남문밖 시장 만세 시위

대구 3·8만세운동은 강제 해산됐지만 열기는 식지 않았다. 계성학교 학생 150여 명은 3월 9일에도 인근 달성공원에서 만세 시위를 계획했다. 그러나 경찰에 사전 발각돼 무산됐고 일제 당국은 계성학교와 대구고보, 신명여학교의 휴교령을 3월 10일부로 내렸고, 대구주둔 일본군 80연대는 경계를 강화했다. 그렇지만 학생과 종교인들은 10일 2차 시위를 준비했다.

계성학교 김영서 학감과 학생 김삼도·박태현·최영학·박상룡·이석도·박재헌과 대구고보 학생인 박남준·김재소 그리고 시민 김재병과 이덕주·김치운·김윤덕·서상철 등이 시위에 필요한 태극기와 독립선언서를 준비했다. 이들은 남문밖 시장(덕산정 시장)에 장이 서는 3월 10일 군경의 삼엄한 감시망 속에 장사꾼을 위장해 모였다.

이날 오후 4시 무렵 200여 명의 군중은 태극기를 흔들며 독립만세를 외쳤다. 경찰은 시위 주동자를 가리기 위해 앞장선 사람의 옷에 붉은 색칠을 해 검거에 나섰다. 이날 시위로 65명이 체포되고 9명이 기소됐다.

일제의 경계 속에서도 3월 30일 남문밖 시장에서 제3차 거사가 벌어졌으니 바로 팔공산 동화사 소속 지방학림 학생들이 주인공이었다. 이날 시위의 준비는 불교중앙학교 학생 윤학조가 서울의 만세시위 참가 뒤 고향인 달성군 공산면에 내려와 3월 23일 동화사를 찾으면서 시작됐다. 윤학조는 지방학림 학생 김문옥, 권청학 등과 공산면 백안시장에서 만세시위를 계획했으나 3월 28일 지방학림 전원 회의를 열고 3월 30일 대구 남문밖 시장 장날로 거사 일정을 변경했다. 3월 29일 김문옥을 비롯한 10명의 학생 대표는 대구에 도착해 동화사 출장소 김상의

의 집에서 보낸 뒤 30일 오후2시 무렵, 2,000여 명의 군중이 모인 가운데 태극기를 흔들고 독립만세를 외쳤다. 군경은 강제 해산에 나서 시위 학생들을 체포했다. 학승 10명은 붙잡히고 동화사 지방학림도 1개월 간의 휴교 조치를 받았다.

③ 대구 인근 4월 만세시위

대구 인근 달성군 수성면 대명동 한국인 공동묘지 도로에서는 4월 15일 주민 최경삼의 죽은 딸 제사로 모인 50여 명이 만세시위를 벌였고, 경찰은 2명을 체포했다. 또 26일 달성군 공산면 미대동의 채봉식 등 주민 4명이 밤 10시쯤 마을 여봉산에 올라 독립만세를 불렀다. 이어 28일에도 미대동 주민 채경식 등이 여봉산에 올라 독립만세를 외쳤다. 팔공산주재소 경찰은 주민 8명을 체포했다.

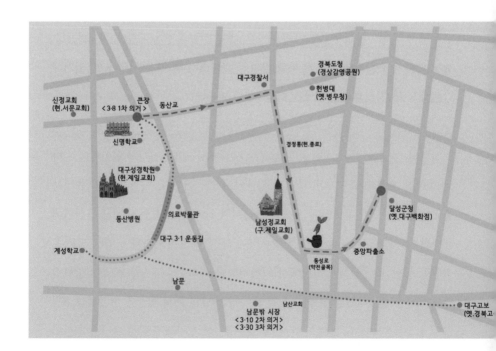

2) 친일 대구 자제단의 만세 방해

일제는 대구 만세시위를 방해하기 위해 겉으로는 '민간 유지의 자발'을 내세웠지만 사무실을 일제 관청 안에 두는 등 사실상 어용 관제 단체를 만들었다. 대구의 '자제단'를 비롯하여 '자위회', '자성회', '자위단' 등 이름은 서로 달랐지만 한국인이 만세운동에 나서지 못하게 하는 목적은 같았다. 특히 대구에서는 전국 처음인 4월 6일 경기도 출신으로 경북도관찰사를 지낸 친일파 박중양을 책임자로 하는 자제단이 등장했다. 발기인에는 이병학, 이장우, 정해붕, 이일우, 이영면, 정재학, 한익동, 서철규 등이 참여했다. 이들은 지주와 자산가들로 일부는 계몽활동과 국채보상운동도 벌였다. 식민지배 10년 세월에 따른 현상으로도 볼 수 있다. 박중양 자제단장은 총독 데라우치 마사타케에게 4월 11일 67명의 발기인 명단을 올렸다.

[각 지역의 자제단 결성 현황]

지역		일자	지역		일자	지역		일자	지역		일자
경상북도	대구	4.6	경상남도	울산	5.6	경기	각군	6.2. 이전	전라북도	남원	5.21
	안동	4.21	황해도	재령	5.9	전라북도	전주	4.26		순창	〃
	성주	〃		연백	6.28		군산	5.21		정읍	〃
	경주	〃	강원도	춘천	5.18		진안	〃		고창	〃
	칠곡	〃	평안북도	정주	4.18		금산	〃		부안	〃
	김천	〃	평안남도	평양	4.26. 이전		무주	〃		김제	〃
	선산	〃	충청남도	연기	6.2		장수	〃		옥구	〃
	청도	5.5	충청북도	청주	4.15		임실	〃	*1919년 행정구역 기준		
				옥천	5.30		익산	〃			

[대구 자제단 발기인 67명 명단]

박중양(朴重陽), 신석린(申錫麟), 권중익(權重翼), 서경순(徐畊淳), 김승훈(金承勳), 김자현(金子賢), 서병조(徐丙朝), 장상철(張相轍), 양자익(梁子益), 김병제(金秉濟), 배상직(裵相直), 이영석(李永錫), 임병대(林炳大), 한세동(韓世東), 이호연(李鎬淵), 김기필(金基弼), 최찬우(崔瓚羽), 서철규(徐喆圭), 이의풍(李宜豊), 주재덕(朱載德), 서상규(徐相圭), 윤수용(尹守瑢), 마현국(馬鉉國), 백응훈(白應勳), 김홍조(金弘祖), 김병련(金炳鍊),박민영(朴珉榮), 김재열(金在烈), 손한룡(孫瀚龍), 한경원(韓敬元), 서병원(徐丙元), 하영조(河榮祖), 정해진(鄭海鎭), 문영규(文泳珪), 이병학(李柄學), 김경추(金敬樞), 김성하(金性河), 이장우(李章雨), 정해붕(鄭海鵬), 이종국(李鍾國), 김진옥(金振玉), 신원오(申元五), 이경재(李庚宰), 김영배(金永培), 정호기(鄭虎基), 정희모(鄭熹模), 한익동(韓翼東), 정익조(鄭翊朝), 엄주상(嚴柱祥), 이효철(李孝澈), 백재견(白在見), 허근(許根), 최덕겸(崔德謙), 김치홍(金致弘), 최처은(崔處垠), 유성삼(俞聖三), 정봉래(鄭鳳來), 최세진(崔世珍), 김영두(金榮斗), 최만달(崔萬達), 이용덕(李容悳), 이길우(李吉雨), 정희봉(鄭煕鳳), 이일우(李一雨), 이영면(李英勉), 윤필오(尹弼五), 정재학(鄭在學). (민족문제연구소 대구지부)

3) 대구 혜성단

대구학생들은 만세시위를 선도하고 확산시켰다. 대구학생들은 저항을 이어가기 위해 상가의 철시와 점포 문을 닫는 폐점 시위를 유도했다. 이런 시위 뒤에는 혜성단(慧星團)의 활동이 있었다.

혜성단의 설립은 3월 8일과 10일의 두 차례 만세시위로 비롯됐다. 일제 탄압에 학생들은 지하로 숨어 비밀 회합을 이어가며 3월 16일부터 5월 중순까지 새로운 투쟁방법을 벌였으니 만세시위 탄압에 앞장선 일제관리에게 협박편지 보내기와 시장과 상점의 철시(撤市)와 폐점(閉店) 시위 독려였다. 일제는 이를 관공리 사직협박 및 폐점위협사건이라 지칭했다. 또한 경북 선산군 해평교회 집사 최재화와 대구 계성학교 학생들과 함께 벌인 까닭에 최재화사건이라고도 불렸다. 시장과 가게 상인들의 호응으로 철시와 폐점 시위는 성과를 거두었다.

이들은 또한 일제 비판과 피압박 민중에 대한 동정 표시, 일제와의 거래 중단, 불응 시 불이익 조치 등을 경고한 동정 표시 경고문을 만들어 도심에 붙이고 중요 인사들에게 배포했다. 또 대구경찰서장과 친일파 박중양이 이끈 자제단 간부에게도 경고문을 보냈다.

비밀 학생들의 모임은 4월 17일 혜성단 출범으로 이어졌다. 최재화 집사와 김수길 등 계성학생들이 결성한 혜성단은 인쇄물을 통한 민중계몽과 일제관청 근무 동포관공리에게 경고문 보내기와 함께 활동 범위를 중국으로까지 넓히기로 했다. 만주지방 출장과 독립운동가와 연락망 구축, 활동 경비 마련 모금도 하고 조직을 갖춰 책임자를 정했다. 즉 **인쇄계(최재화·김수길)와 인쇄물·기타 배달계(허성도 등), 출납계(이수건), 만주 출장계(이영옥), 연락계(이명건)**의 다섯 부서였다.

혜성단은 4월 18일부터 2단계 투쟁을 벌였다. 혜성단은 '근고동포', '경아동포', '경고관공리동포' 등 선전·경고문을 인쇄하고 시내 곳곳에 붙였다. '경고관공리동포'라는 경고문은 각 관청의 한국인 군수, 면장, 군·면의 서기에게 우편발송하고 궐기를 촉구했다. 그러나 5월 14일 김수길이 대구에서 체포되면서 혜성단 신원이 드러났고 11명이 적발돼 결성 한달만에 와해 운명을 맞았다. 반면 최재화 집사는 체포를 피해 독립운동을 이어갔다.

한편 2019년 국사편찬위원회 발표 『3·1운동 데이터베이스자료집』에 따르면 대구 만세시위는 인근 경북으로 번져 5월 7일 경북 청도군 매전면 구촌까지 118회(종전 108회)에 참여자는 46,492명(종전 21,000명)이었다. 국내외 전체 시위는 1,692회, 참여자는 최소 799,017명~최대 1,030,073명(종전 1,273회 1,003,000명)으로 집계돼 당시 전체 한국인 16,783,510명의 6%가 참석한 것으로 파악됐다.

[대구권 3월 만세운동 시위 횟수와 참여자 및 피해 현황]

구분	시위 횟수	참여자	적발자	기소자(111명)						판결 결과	
				1차	2차	3차	대명동	미대동	혜성단	무죄	유죄
회/명	5회	3,200명	253명	71	9	10	2	8	11	1명	110명
*기소자 111명(무죄 1명, 유죄 110명) 가운데 중복 기소자 8명 감안하면 실제 기소자 103명(무죄 1명, 유죄 102명)											

4) 대구 만세운동과 희생

대구 만세시위는 경북으로 번졌고 5월 7일 청도의 마지막 시위까지 모두 46,492명이 참여했다. 대구의 3차례와 대구 인근 달성군 대명동과 미대동까지 대구권 3,200여 명이 독립만세를 외쳤다. 1919년 대구의 한국인 인구 28,609명(전체 41,413명)의 11% 넘게 동참했다. 이는 전국 평균 참여비율(6%)의 배 정도로, 대구의 만세열기가 뜨거웠음을 보여준다. 그만큼 대구시위 참여자의 피해와 희생도 컸다. 만세시위 당일 김태련 조사의 외아들 김용해는 23세에 순국했다. 대구감옥 수감 시위자가 5,000명이 넘었다는 미국인 선교사 부해리(브루엔) 등의 증언을 보면 대구사람들의 피해 규모를 짐작할 수 있다.

대구에서는 3월 8일 1차 서문시장 만세시위 참여자 157명을 비롯, 3월 10일 2차 남문밖 시장(덕산정시장) 시위자 65명, 3월 30일 동화사 지방학림 시위주동자 10명 전원, 대명동 공동묘지 도로 시위자 2명, 미대동 여봉산 시위자 8명, 혜성단원 11명(미체포 최재화 포함) 등 모두 253명이 적발됐다. 이들 가운데 1차 만세시위 참여자의 71명(4명은 2차시위자 검거와 중복)이 재판에 넘겨져 **28명은 4월 18일 대구지방법원 1심판결로 형이 확정되고, 43명은 대구복심법원에 항소했다. 5월 31일 2심복심법원 판결에서 1명(정광순) 무죄, 19명은 징역 6월 집행유예 2년**으로 풀려났다. 그러나 **이만집 등 19명은 고등법원에 상고했지만 7월 21일 모두 기각됐다.**

2차 만세시위에 동참했다 붙잡힌 65명 가운데 9명도 4월 18일 대구지방법원에서 재판을 받았다. 이들 가운데 1차 시위에도 참여했던 박성용(징역 10월), 박태현(징역 8월), 박남준과 김재소(징역 6월, 집행유예 2년)는 김치운, 서상철, 김재병, 김윤덕, 이덕주와 함께 재판에서 각 징역 6월을 받았다. 동화사 지방학림의 3차 시위주동자 10명도 재판을 받았다. 이성근 등 **9명은 4월 12일 대구지방법원에서 징역 10월을 선고받자 항소했고, 5월 19일 대구복심법원에서도 징역 10월을 받아 상고했지만 7월 3일 기각됐다. 또 윤학조는 5월 12일 대구지방법원에서 징역 10월을 받고 항소했지만 대구복심법원은 6월 10일 기각, 형이 확정됐다.**

대명동 공동묘지 도로 시위자 강윤옥과 장용암도 각각 5월 6일과 6월 26일 대구지방법원 재판에서 각각 징역 8월과 징역 4월을 선고받았다. 두 사람 모두 항소를 했지만 대구복심법원은 항소를 기각했다. 미대동 여봉산에서 만세시위를 했던 8명 역시 재판에 넘겨져 채봉식 등 4명은 5월 17일 대구지방법원 재판에서 징역 8월을, 채경식 등 4명은 징역 6월을 선고받았다. **혜성단원 11명도 탄압을 받았다. 피신한 최재화를 뺀 10명은 무거운 형을 선고받았다. 인쇄물을 통한 반일, 항일 투쟁에 나선 행위를 일제는 가혹하게 처벌했다. 혜성단 활동을 주도한 김수길이 4년, 이명건(이여성) 등 4명은 3년, 이영식 등 4명은 1년 6월, 궐석재판의 최재화도 징역 3년을 선고받았다.**

3월 8일 서문시장 만세시위로부터 혜성단 비밀활동에 이르기까지 적발된 253명 가운데 모두 103명(중복자 8명 포함하면 111명)이 기소돼 1명이 무죄(정광순), 102명이 유죄판결을 받았다. 이들 103명의 기소자 연령대를 보면 **10대 28명 (27%), 20대 52명(50.5%), 30대 14명(13.6%), 40대 7명(6.8%), 50대 2명(2%)이었으며, 10~20대가 77%를 넘었다. 직업별로는, 학생 55명(53.5%), 농업 19명(18.4%), 종교인 (목사·장로·집사·조사·권사) 8명(7.8%), 교직원 8명(교사 7명과 직원 1명·7.8%), 무직 4명(3.9%),**

기타 9명(8.7%)이었다. 기타에는 잡화상 2명을 비롯해 곡물상·구두제조공·병원소사·

노끈제조업·재봉직공·전당포·한약상이 각 1명씩이었다. 학생 가운데는, 계성학교생이

37명이고 불교학승 10명, 대구고보생 7명, 숭실학교생 1명이었다. 대구 3월 만세운

동에서 시위자 가운데 학생과 농업인이, 그리고 연령대에서는 10~20대 젊은이

가 주요 탄압 대상이었다.

[대구권 3월 만세운동 103명 기소자 명단과 재판 결과, 연령대와 직업별, 서훈 분석자료]

(2022.8.13. 현재 기준)

구분	이름	나이	직업	1심판결('19.4.18)	2심판결('19.6.4)	3심판결('19.7.21)	서훈	시위	비고
1	이만집(李萬集)	44	목사	징역 3년	징역 3년	상고기각	○	3.8	
2	김태련(金兌鍊)	41	조사	징역 2년6월	징역 2년6월	상고기각	○	3.8	
3	김영서(金永瑞)	38	계성학교 학감	징역 2년	징역 1년6월	상고기각	○	3.8	
4	백남채(白南採)	33	계성학교 교사	징역 2년	징역 1년6월	상고기각	○	3.8	
5	정재순(鄭在淳)	42	목사	징역 2년			○	3.8	
6	정광순(鄭光淳)	40	장로	징역 1년6월	무죄		○	3.8	
7	최경학(崔敬學)	30	계성학교 교사	징역 1년6월	징역 1년6월	상고기각	○	3.8	
8	김무생(金武生)	22	평양숭실학교생	징역 2년			○	3.8	
9	박제원(朴齊元)	36	조사	징역 1년6월	징역 1년6월	상고기각	○	3.8	
10	이태학(李泰學)	30	조사	징역 1년6월	징역 1년6월	상고기각	○	3.8	
11	이재인(李在寅)	32	신명여학교교사	징역 1년	징역 8월	상고기각	○	3.8	
12	임봉선(林鳳善)	23	신명여학교직원	징역 1년			○	3.8	
13	신현욱(申鉉旭)	23	대구고보 4학년	징역 1년	징역 6월,집행유예 2년		×	3.8	
14	허범(許範)	20	대구고보 4학년	징역 1년	징역 6월,집행유예 2년		×	3.8	
15	박남준(朴南俊)	27	대구고보 4학년	징역 10월	징역 6월,집행유예 2년		×	3.8/3.10	

16	김재소(金在炤)	19	대구고보 4학년	징역 10월	징역 6월, 집행유예 2년		×	3.8/3.10	
17	백기만(白基萬)	18	대구고보 3학년	징역 6월	징역 6월, 집행유예 2년		×	3.8	
18	하윤실(河允實)	20	대구고보 2학년	징역 6월	징역 6월, 집행유예 2년		×	3.8	
19	김수천(金洙千)	18	대구고보 1학년	징역 6월	징역 6월, 집행유예 2년		×	3.8	
20	심문태(沈文泰)	25	계성학교 6학년	징역 10월			○	3.8	
21	김삼도(金三道)	22	계성학교 6학년	징역 10월	징역 6월	상고기각	○	3.8	
22	정원조(鄭元祚)	22	계성학교 6학년	징역 6월	징역 6월		○	3.8	
23	박태현(朴泰鉉)	21	계성학교 5학년	징역 1년	징역 8월	상고기각	○	3.8/3.10	
24	이승욱(李陞旭)	22	계성학교 5학년	징역 6월	징역 6월	상고기각	○	3.8	
25	손석봉(孫石鳳)	19	계성학교 4학년	징역 6월			○	3.8	
26	최영학(崔永學)	21	계성학교 4학년	징역 6월	징역 6월, 집행유예 2년		×	3.8	
27	김재범(金在範)	20	계성학교 3학년	징역 10월	징역 6월, 집행유예 2년		○	3.8	
28	박성용(朴聖容)	17	계성학교 3학년	징역 10월			○	3.8/3.10	
29	박재곤(朴在坤)	20	계성학교 3학년	징역 6월	징역 6월, 집행유예 2년		○	3.8	
30	박몽포(朴夢圃)	18	계성학교 3학년	징역 6월	징역 6월, 집행유예 2년		×	3.8	
31	이이석(李利錫)	20	계성학교 3학년	징역 6월	징역 6월, 집행유예 2년		×	3.8	
32	손치봉(孫致奉)	21	계성학교 3학년	징역 6월	징역 6월, 집행유예 2년		×	3.8	
33	나상기(羅相基)	20	계성학교 2학년	징역 6월	징역 6월, 집행유예 2년		○	3.8	
34	정인엽(鄭寅曄)	19	계성학교 2학년	징역 6월	징역 6월, 집행유예 2년		×	3.8	
35	안영두(安泳枓)	18	계성학교 2학년	징역 6월	징역 6월, 집행유예 2년		×	3.8	
36	허방(許枋)	21	계성학교 1학년	징역 6월	징역 6월, 집행유예 2년		×	3.8	
37	장해동(張海東)	19	계성학교 1학년	징역 6월	징역 6월, 집행유예 2년		○	3.8	

38	이석도(李碩道)	17	계성학교 1학년	징역 6월	징역 6월, 집행유예 2년		×	3.8	
39	장봉수(張奉守)	17	계성학교 1학년	징역6월, 집행유예3년			×	3.8	
40	이성해(李聲海)	17	계성학교 1학년	징역6월, 집행유예3년			×	3.8	
41	박장호(朴章鎬)	34	성경학교 농업	징역 6월	징역 6월	상고기각	○	3.8	
42	박만준(朴萬俊)	24	성경학교 농업	징역 6월	징역 6월		○	3.8	
43	허담(許澹)	34	성경학교 농업	징역 6월	공소포기		○	3.8	
44	이복건(李福健)	20	성경학교 농업	징역 6월	징역 6월	상고기각	×	3.8	
45	신태근(申泰根)	50	한문 교사	징역 6월	징역 6월	상고기각	○	3.8	
46	이선희(李善希)	23	권사	징역 6월			○	3.8	
47	이남숙(李南淑)	17	무직	징역 6월			○	3.8	
48	최경성(崔景成)	35	잡화상	징역 6월	징역 6월		○	3.8	
49	임용한(林容漢)	23	농업	징역 6월	징역 6월		○	3.8	
50	안의중(安懿仲)	39	나(癩)병원소사	징역 10월			○	3.8	
51	박문영(朴文瑛)	47	잡화상	징역 6월	징역 6월	상고기각	○	3.8	
52	김봉안(金鳳安)	24	농업	징역 6월	징역 6월		○	3.8	
53	안경수(安敬秀)	30	농업	징역 6월	징역 6월	상고기각	○	3.8	
54	이재춘(李載春)	43	농업	징역 6월	징역 6월		○	3.8	
55	강학봉(姜學鳳)	21	구두제조공	징역 6월	징역 6월	상고기각	○	3.8	
56	김재병(金在炳)	27	전당포업	징역 10월	징역 6월		○	3.10	
57	이덕주(李德周)	23	농업	징역 10월	징역 6월		○	3.10	
58	김치운(金致雲)	56	농업	징역 6월	공소포기		○	3.10	
59	김윤덕(金潤德)	32	한약상	징역 6월	징역 6월	상고기각	○	3.10	
60	서상철(徐相喆)	19	재봉직공	징역 6월			×	3.10	
61	최상원(崔相元)	30	계성학교 교사	징역 2년			○	3.8	
62	권의윤(權義允)	49	계성학교 교사	징역 1년6월			○	3.8	
63	이만이(李萬伊)	20	계성학교 4학년	징역 6월			○	3.8	
64	권중윤(權重潤)	19	계성학교 5학년	징역 6월			○	3.8	
65	권성우(權聖佑)	22	계성학교 5학년	징역 6월			○	3.8	

66	박상동(朴尚東)	25	계성학교 3학년	징역 6월			○	3.8	
67	김달윤(金達潤)	17	계성학교 5학년	징역 6월			○	3.8	
68	이창순(李昌淳)	25	계성학교 6학년	징역 6월			○	3.8	
69	신창식(申昌植)	21	계성학교 4학년	징역 6월			×	3.8	
70	권영화(權永和)	19	계성학교 5학년	징역 6월			○	3.8	
71	서복이(徐福伊)	17	계성학교 4학년	징역 6월			×	3.8	
72	이규환(李圭煥)	15	계성학교 3학년	징역 6월			×	3.8	
73	이성근(李成根)	19	동화사학림	징역 10월 ('19.4.14)	징역 10월 ('19.5.19)	상고기각 ('19.7.3)	○	3.30	
74	김문옥(金文玉)	20	동화사학림	징역 10월 ('19.4.14)	징역 10월 ('19.5.19)	상고기각 ('19.7.3)	○	3.30	
75	이보식(李普湜)	20	동화사학림	징역 10월 ('19.4.14)	징역 10월 ('19.5.19)	상고기각 ('19.7.3)	○	3.30	
76	김종만(金鍾萬)	21	동화사학림	징역 10월 ('19.4.14)	징역 10월 ('19.5.19)	상고기각 ('19.7.3)	○	3.30	
77	박창호(朴昌鎬)	19	동화사학림	징역 10월 ('19.4.14)	징역 10월 ('19.5.19)	상고기각 ('19.7.3)	○	3.30	
78	김윤섭(金潤爕)	20	동화사학림	징역 10월 ('19.4.14)	징역 10월 ('19.5.19)	상고기각 ('19.7.3)	○	3.30	
79	허선일(許善一)	23	동화사학림	징역 10월 ('19.4.14)	징역 10월 ('19.5.19)	상고기각 ('19.7.3)	×	3.30	
80	이기윤(李起胤)	21	동화사학림	징역 10월 ('19.4.14)	징역 10월 ('19.5.19)	상고기각 ('19.7.3)	○	3.30	
81	권청학(權淸學)	21	동화사학림	징역 10월 ('19.4.14)	징역 10월 ('19.5.19)	상고기각 ('19.7.3)	○	3.30	
82	윤학조(尹學祚)	25	중앙불교학교	징역 10월 ('19.5.12)	징역 10월 ('19.6.10)	상고기각 ('19.7.19)	○	3.30	
83	강윤옥(姜潤玉)	30	노끈(紐)제조업	징역 8월 ('19.5.6)	공소기각 ('19.5.28)		×	4.15	대명동
84	장용암(張龍岩)	26	농업	징역 4월 ('19.6.26)	공소기각 ('19.7.19)		×	4.15	대명동
85	채봉식(蔡奉植)	21	농업	징역 8월			○	4.26/4.28	미대동
86	채희각(蔡熙覺)	26	농업	징역 8월			○	4.26/4.28	미대동
87	채갑원(蔡甲元)	26	농업	징역 8월			○	4.26/4.28	미대동
88	채학기(蔡鶴基)	19	농업	징역 8월			○	4.26/4.28	미대동

89	채경식(蔡敬植)	25	농업	징역 6월			○	4.28	미대동
90	채명원(蔡命元)	19	농업	징역 6월			○	4.28	미대동
91	채송대(蔡松大)	24	농업	징역 6월			○	4.28	미대동
92	권재갑(權再甲)	20	농업	징역 6월			○	4.28	미대동
93	김수길(金壽吉)	19	계성학교 4학년	징역 2년6월	징역 4년 (원판결취소)		○	3.8	혜성단
94	이종식(李鍾植)	25	곡물상	징역 2년	징역 3년 (원판결취소)		○		혜성단
95	이영옥(李榮玉)	19	무직	징역 1년6월	징역 3년 (원판결취소)		×		혜성단
96	이명건(李命健)	19	무직	징역 1년6월	징역 3년 (원판결취소)		×		혜성단
97	이영식(李永植)	22	계성학교 5학년	징역 1년6월			○	3.8	혜성단
98	허성도(許聖徒)	18	계성학교 5학년	징역 1년6월			○	3.8	혜성단
99	이기명(李基明)	22	계성학교 6학년	징역 1년6월			○	3.8	혜성단
100	이종헌(李鍾憲)	19	계성학교 학생	징역 1년6월			×		혜성단
101	최재화(崔載華)	27	야소교 장로파 집사	징역 1년6월 (궐석재판)	징역 3년 (궐석재판)		○		혜성단
102	이수건(李壽鍵)	22	무직	징역 1년6월	징역 3년		×		혜성단
103	이덕생(李德生)	22	계성학교 5학년	징역 1년6월	징역 3년		○		혜성단

*시위적발자-253명
(1차시위 157명+2차시위 65명+3차시위 10명+대명동 시위 2명+미대동시위 8명+혜성단 11명)
*시위기소자-111명
(1차시위 71명+2차시위 9명+3차시위 10+대명동시위 2명+미대동시위 8명+혜성단 11명)
*기소자 유죄판결 110명
(1차시위 70명+2차시위 9명+3차시위 10명+대명동시위 2명+미대동시위 8명+혜성단 11명)
*기소자 무죄판결 1명(정광순)
*순수 기소자 103명(기소자 중복 8명은 1차시위+2차시위 가담 중복자 4명 박성용·박태현·박남준· 김재소, 1차시위+혜성단 가담 중복자 4명 김수길·이영식·허성도·이기명)
*순수 기소자 103명 중 유죄 판결자 102명

*대구권 만세시위 기소자 103명 가운데 서훈자는 74명, 미서훈자 29명

[3월 대구권 만세운동 103명 기소자 연령]

구분	10대	20대	30대	40대	50대	합계
인원(명)	28	52	14	7	2	103명
비율(%)	27	50.5	13.6	6.8	2	100%

[3월 대구권 만세운동 103명 기소자 직업]

구분	학생	농업	종교인	교직원	무직	기타	합계
인원(명)	55	19	8	8	4	9	103명
비율(%)	53.5	18.4	7.8	7.8	3.9	8.7	100%

5) 파리장서운동과 대구 유림들

1919년 3월 1일 만세운동의 민족대표 33인에 유림이 빠졌지만 유림이 만세운동에 무관심했거나 불참했다는 뜻은 아니다. 유림 내부에서도 1919년 2월부터 파리강화회의에 대한 독립청원 이야기가 논의됐다. 특히 영남유림들은 3월 3일로 예정된 고종 황제의 장례식 참여를 위해 서울에 머물다, 3·1만세운동을 목격했고 이완용 등 친일파가 한국인은 독립을 원하지 않는다는 독립불원서의 일본 전달 소문도 들었던 터였다.

경북 성주 출신 김창숙 등 영남유림은 각 지역 유림과 접촉하며 독립청원서를 작성, 한국 독립을 청원하는 방법 모색에 나섰다.

그리고 김창숙과 경남 거창의 곽종석 및 그 제자 김황, 성주 장석영 등의 손을 거쳐 영남유림의 독립청원서가 마련됐다. 영남유림의 독립청원서 작성과 상관없이 김복한 등 기호유림도 별도 독립청원서를 마련, 파리에 보낼 준비를 하고 있었다. 두 유림 측은 서로의 독립청원서를 바탕으로 최종 문안을 정리해 137명의 유림 서명자(기미유림단) 명단을 확정하고 파리강화회의에 제출하기로 의견을 모았다. 이들과 달리 대구의 조선국권회복단의 윤상태 통령도 조긍섭과 장석영을 통해 독립청원서를 만들고 이를 영어로 번역해 상해로 보낼 준비를 하고 있었다. 아울러 성주의 송진필도 소식을 듣고 유생과 국민에 보내는 '통고국내문'이란 글을 준비했다. 따라서 국내 유림의 독립청원서는 6~9종류의 이본(異本)이 존재하는 것으로 파악된다.

137명 유림이 서명한 독립청원서는 김창숙을 통해 중국 상해에서 영어, 한문으로 번역·인쇄돼 프랑스 파리, 중국, 한국으로 발송됐다. 전체 글자 1,414자(또는 1,422자)에 이르는 긴 편지글(長書)인 독립청원서에는 "차라리 몸을 묶이어 죽음에로 나갈지언정 맹세코 일본의 노예는 되지 아니 하리라"는 각오를 드러냈다.

파리장서 서명 137명의 유림 가운데 가장 많은 62명이 경북지역이었고 경남 42명, 충남 16명 등의 순이었다. 경북에서는 성주가 15명(24%)이었고 다음이 달성군 11명(17%)으로 대구 2명과 합하면 오늘날 대구지역은 13명이어서, 경북 전체 62명의 21%를 차지할 만큼 대구권 유림의 참여가 많았다. 서명자 연령대를 보면 20~30대 13명(9%), 40대(22명)와 50대(26명)가 48명(35%), 60~70대는 44명(32%)으로 파리장서운동 주축은 40~70대 연령층이었다. 이는 파리장서운동 연락책인 김황이 "일제 탄압으로부터 신진유림 보호를 위해 서명자를 40세를 하한선으로 삼았다"는 말과도 일맥상통한다. 대구의 3·8만세운동에서 10~20대 학생과 젊은이들이 주축이었던 모습과는 달랐다.

일제는 137명 서명자 가운데 41명을 송치하고 27명을 기소했다. 27명의 기소자들은 1, 2심 재판을 통해 18명이 유죄를 선고받았고 9명은 무죄였다. 또 14명은 집행유예로 풀려났지만 4명은 옥살이를 했으며 고령(高齡)의 곽종석은 형 집행정지 뒤 출감했으나 자택에서 순국했다. 영남유림은 탄압에도 독립운동을 이어갔다. 1920년 시도된 조선독립청원 활동과 1921년 중국 정부에 독립청원문 전달 추진, 1927년 김창숙 등 유림의 독립군자금 모금과 의열투쟁 활동인 제2차 유림단의거 등을 통해서였다.

[파리장서운동 서명자 137명 도별 참여 현황]

지역	경북	경남	충북	충남	전북	전남	불명	합계
인원	61(1)	42	1	16	4	4	7	137명
%	44.6	30.7	0.7	13.1	2.9	2.9	5.1	100%

[파리장서운동 대구경북 서명자 62명 군별 참여 현황]

지역	안동	영주	봉화	영양	의성	대구	달성	김천	선산	성주	고령	경주	청도	영천	합계
인원(명)	5	3	9	1	1	2	11	4	1	15	6	2	1	1	62명
비율(%)	8.1	4.9	14.5	1.6	1.6	3.2	17.7	6.5	1.6	24.2	9.7	3.2	1.6	1.6	100%

[파리장서운동 대구경북 서명자 62명과 전국 서명자 137명 연령 분포 현황]

구분		20대	30대	40대	50대	60	70	미상	합계
경북	인원(명)	2	8	14	18	8	8	4	62명
	비율(%)	3.2	12.9	22.6	29	12.9	12.9	6.5	100%
전국	인원(명)	3	10	22	26	35	9	32	137명
	비율(%)	2.2	7.3	16.1	19	25.5	6.6	23.3	100%

[파리장서운동 대구권 서명자 13명 명단]

번호	이름	생몰	연령	출신지	서훈
1	이종기(李鍾夔)	1890~?	30	대구 서성로	
2	서건수(徐健洙)	1874~1953	46	대구 남산	건국포장
3	우하교(禹夏敎)	1872~1941	48	달성 월배 상인	애족장
4	우성동(禹成東)	1861~1920	59	달성 월배 상인	건국포장
5	우찬기(禹纘基)	1861~1921	59	달성 월배 상인	건국포장
6	김용호(金容鎬)	1853~1924	67	달성	건국포장
7	이복래(李福來)	미상		달성	
8	우하삼(禹夏三)	미상		달성 월배	
9	우경동(禹涇東)	1876~1960	44	달성 월배 상인	건국포장
10	박순호(朴純鎬)	1873~1934	47	달성	건국포장
11	우승기(禹升基)	1875~1948	45	달성 월배 상인	건국포장
12	조석하(曺錫河)	1883~1955	37	달성 월배 도원	건국포장
13	박재근(朴在根)	1881~1950	39	달성	건국포장

[파리장서운동 서명자 재판 결과]

판결내용		1심	2심	결과	유죄 수형자
유죄	징역 2년	2명	-	1명	유죄판결 18명 중 수형자 4명 곽종석 징역 2년 김복한 징역 1년 이봉희 징역 10월 우하교 징역 6월
	징역 1년6월	2명	-	-	
	징역 1년	3명	-	1명	
	징역 10월	-	1명	1명	
	징역 6월	2명	-	1명	
	징역8월 집행유예 2년	2명	-	2명	
	징역6월 집행유예 2년	11명	1명	12명	
	소계	22명	2명	18명	
무죄		5명	4명	9명	
총계		27명	6명	27명	

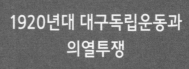

1920년대 대구독립운동과
의열투쟁

5. 1920년대 대구독립운동과 의열투쟁

1919년 3·1만세운동으로 많은 일들이 달라졌다. 일제 무력탄압의 잔혹성도 세상에 알려졌다. 지난 10년 무단통치로 온 나라가 거대한 감옥이었고 한국인이 희생과 고통 속에도 평화롭게 만세시위를 한 사실 역시 널리 퍼졌다. 중국 상해에서는 1919년 4월 임시정부와 임시의정원이 구성되고 9월에는 통합 임시정부도 출범했다. 나라가 망한 지 10년 만이었다. 백성이 주인이 될 새로운 나라의 임시정부는 독립운동 구심체가 됐다. 임시정부와 독립운동세력이 외교를 통한 독립운동과 무장 의열투쟁을 병행하면서 독립운동의 양상도 변화됐다. 대구도 달라졌다. 만세시위 이후 학생, 젊은이, 민중은 1920년대 이후 독립운동과 사회활동의 주요 세력이 됐다. 특히 대구 젊은이의 변화는 대구의 미국인 선교사 부해리 (브루엔)가 남긴 증언이 말해준다.

"가장 큰 변화는 사람들의 영혼에서 찾을 수 있습니다. '조용한 아침의 나라'에서는 나이가 많은…머리가 하얗게 센 사람들이 정치, 사회생활, 가정에서 지배권을 가졌습니다. 그런데…젊은 사람들이 지배권을 가지게 되었습니다.…지금은 젊은이들의 시대입니다. 지난 3월에 독립운동이 발발한 이후로 수천 명이 잡혀 들어가 고문을 당하고 수감된 데 이어, 젊은이들은 우리가 가능하다고 생각하지 못했던 사상과 행동의 독립을 이룰 수준에 이르렀습니다. 그들은 더 이상 어른들에게 상담하지도 않고, 결과에 대한 두려움에 방해받지도 않습니다.…어떤 교회에서는 젊은이들이…남녀 성별을 구분하는 장막을 없애기로 결정했습니다. 그들은 또한 악습을 폐지하고…공공복지를 수행하기 위해 청년 모임도 조직했습니다. 이 모임은 비기독교인, 불교도, 가톨릭 신자들과 개신교도들도 포함하고 있습니다.…"

1920년대 대구 안팎에서는 또 의열단원들의 의열투쟁과 다양한 사상과 이념으로 무장한 비밀결사, 청년·노동운동, 신간회 활동, 대구여성들의 활약, 대구 출신 문인들의 활동 등이 잇따랐다. 1920년대 대구 독립운동은 어느 시기보다 다양한 분야에서 펼쳐졌지만 그만큼 희생도 컸던 시기였다.

1) 의열단과 대구 의열투쟁

상해 임시정부는 1919년 9월 통합정부로 거듭났다. 또한 독립운동도 종래 외교론 일변도에서 전투적인 방향으로 선회했다. 통합정부 요인들은 1920년 1월 국무원 포고 제1호 등을 통해 독립전쟁론을 정리, 전략을 세웠고 이에 따라 독립운동 방향도 달라졌다. 대구경북인들도 이런 흐름에 발맞춰 의열투쟁에 나섰다. 대구경북인들은 일제 침략의 책임자와 침략기관, 통치기구에 타격을 입히는 의열투쟁에 앞장선 단체에 가입했으니 1919년 11월 10일 중국 길림에서 출범한 의열단(義烈團)이 그 대표이다. 의열단의 창단 단원은 10명(13명)이었다. 10명은 단장 김원봉(경남 밀양)과 부장(부단장) 이종암(대구)을 비롯해 강세우(함남 삼수), 곽재기(충북 청주), 김상윤(경남 밀양), 서상락¹⁾(대구), 신철휴(경북 고령), 윤세주(경남 밀양), 이성우(함북 경원), 한봉근(경남 밀양)이다. 13명은 강세우, 곽재기, 권준(경북 상주), 김상윤, 김원봉, 배중세(경남 창원), 서상락, 신철휴, 윤세주, 이성우, 이종암, 한봉근, 한봉인(경남 밀양)이다.

의열단은 ① 공약 10조와 ② 20개 행동강령을 바탕으로 ③ 7종류의 암살대상 즉 '7가살(七可殺)'과 5종류의 파괴대상을 목표로 정했으니 희생은 피할 수 없었다. 공약 10조의 첫 번째가 '천하의 정의(正義)의 사(事)를 맹렬히 실행하기로 함'이고, 아홉 번째는 '1(一)이 9(九)를 위하여, 9(九)가 1(一)을 위하여 헌신'이고, 열 번째는 '단의(團義)에 배반한 자를 처살(處殺)함'이니 각오는 남달랐다.

또 7종류의 암살대상은 **조선총독 이하 고관, 군부수뇌, 대만총독, 매국적(賣國賊), 친일파 거두, 적(敵)의 밀정, 반민족적 토호 열신(劣紳)**이었다. **5파괴대상도, 조선총독부, 동양척식회사, 매일신보사, 각 경찰서, 기타 왜적 중요기관**이니 목숨을 걸어야만 했던 목표였다.

의열단 활동으로는, 1920년 3월 경남 진영 및 밀양폭탄사건(제1차 국내기관총공격거사·제1차 암살파괴계획), 1920년 9월 부산경찰서장 폭사사건(박재혁사건), 1920년 12월 밀양경찰서 폭파사건(최수봉사건), 1921년 9월 조선총독부 폭파사건(김익상사건), 1922년 3월 일본 육군대장 다나카 기이치 상해 황포탄저격사건, 1923년 1월

---

1) 대구 출신의 의열단원 서상락(徐相洛·1893~1923·애국장)의 본명은 서영윤(徐永潤)으로, 독립운동가 서상일(徐相日)의 형이면서 친일관료였던 서상락(徐相洛)과는 동명이인이다. 의열단원 서상락은 1913년경 결혼하고 처자를 두고 1918년 만주로 건너가 신흥무관학교에 들어가 1919년 1월 단기 과정 졸업과 함께 교관으로 임명되었고 뒷날 의열단 창단에 참여했다.

종로경찰서 폭탄사건(김상옥사건), 1923년 3월 김시현 황옥사건(제2차 국내대거사), 1923년 9월 동경에서의 대불온(大不穩)계획사건(일본 왕자 혼례식 겨냥 행동), 1924년 1월 일본 동경 이중교(二重橋)투탄사건(김지섭사건), 1925년 11월 경북의열단사건(양건호사건·경북중대사건) 등이 있다.

(1) 대구의 의열단과 의열투쟁 독립운동가

대구 출신의 이종암과 서상락은 의열단 창단 시절부터 활동했다. 권준과 신철휴도 경북 출신이었다. 이들은 창단에 앞서 신흥무관학교에도 다녔다. 이들 외에도 뒷날 성주의 김창숙, 안동 출신 김시현·김재현 형제와 김지섭을 비롯해 의열단 관련 국내외 활동인물은 배천택·이상일·이상도·이원록(이육사)·현정건·서동일·이경희·이기양·이수택 등 30여 명으로, 의열단은 대구경북에 남다른 독립운동단체가 됐다. 대구 이상화 시인의 형인 이상정·권기옥 부부도 의열단에 참여한 것으로 알려진다.

① 이종암의 제1 경북 중대사건과 의열투쟁

경북 달성군 백안면에서 태어난 이종암은 1917년 12월 다니던 대구은행의 돈 10,500원을 갖고 경북 칠곡 약목의 은행 동기생 신상태 도움으로 은신하다 1918년 2월 망명했는데 '제1 경북중대사건'(1920년 조선독립운동후원의용단 군자금 모금활동이 제1 경북중대사건이라는 주장도 있다)으로 불렸다. 이주농민으로 위장, 중국에 간 그는 미국 유학의 길을 찾다 포기하고 그해 4월 신흥무관학교에 편입학, 의열단 동지가 될 대구사람 서상락과 경북 고령 출신 신철휴, 경남 밀양의 한봉인 등과 인연을 맺었다. 이종암은 대구은행 돈 가운데 7,000원은 밀양 출신 구영필(삼광상회)에게 맡기고 3,000원은 본인이 보관했다. 이때 이종암은 외가 성을 따서 이름을 양건호로 바꿨다. 그는 또 김원봉과 상해에 가서 구국모험단의 도움으로 폭탄 제조법과 조작법 등을 배우고 길림에서 그해 11월 10일 의열단 창단에 참가했다. 이종암은 1925년 체포 때까지 국내를 6차례 잠입했고 의열단의 '행동대원'을 자청할 만큼 활동도 많았다.

먼저 1920년 3월 경남 진영 및 밀양폭탄사건이 있다. 이는 의열단이 국내 주요 관공서를 파괴하고 일본인 고급관리 처단을 위해 상해에서 만주 안동을 통해 국내로 폭탄을 반입시킨 사건으로, 사전에 발각돼 실패했다. 의열단의 흉포(凶暴)기획사건, 진영사건으로도 불렸는데 관련자 26명 가운데 황상규 등 15명이 체포되고 양건호(이종암)는 서상락 등 11명과 함께 위기를 면했다. 다음은 1922년 3월 28일 일본 육군대장 다나카 기이치에 대한 상해 황포탄저격사건이다. 다나카 대장이 필리핀을 떠나 귀국 때 상해에 들린다는 정보에 따라 이종암, 김익상, 오성륜은 황포탄 항구에서 저격키로 하고 제1선 오성륜, 제2선 김익상, 제3선은 이종암이 맡기로 했다. 그러나 오성륜의 권총 저격시도, 김익상의 권총·폭탄공격, 이종암의 폭탄투척까지도 실패했고, 오성륜·김익상의 체포 속에 이종암은 피신해 다른 거사를 준비했다.

이종암은 의열단이 1922년 6월 중국에서 국내 주요 침략기관 폭파와 일본인 고관 처단 계획을 다시 세움에 따라 국내 형편을 살피러 최용덕과 국내에 잠입했다. 이후 이 계획의 폭탄 수송작전은 1923년 1~2월 경북 안동 출신 김시현이 맡아 추진했다. 1923년 3월 김시현은 경기도경찰부 황옥 경부 등과 폭탄과 권총

의 국내운반에 나섰다 발각됐다. '황옥사건'으로도 불렸는데 관련자 12명이 실
형을 받았고, 이종암은 대구 출신 이경희, 이현준과 함께 활약을 펼쳤다. 이경희
와 이현준이 각각 징역 1년과 5년을 받았으나 이종암은 무사했다.

　5차례 국내 잠입에도 붙잡히지 않았던 이종암 부단장은 1925년 6번째로 국내
잠입해 거사를 꾸몄다. 이종암은 그동안 주장했던 일본 본토 동경 폭탄의거 준
비를 위해 1925년 7월 11일 잠입했다. 그러나 그는 달성군 노곡동 이기양의 산장
에서 은신하다 밀고로 11월 5일(6일) 경찰에 체포되면서 모두 12명이 붙잡혔다.

비밀 수사와 고문에도 3명은 증거불충분으로 석방되고 이종암 등 9명은 1년 간의 예심(豫審)에 넘겨졌다. 이후 이종암·배중세·한봉인·고인덕의 4명만 기소되고 나머지 김재수·이병태·이병호·김병환·이기양의 5명은 무죄로 면소됐다.

이종암 등 4명 가운데 밀양 출신 고인덕은 고문 후유증과 심장병으로 재판정에도 나올 수 없을 만큼 몸이 망가져 1926년 12월 21일 대구형무소 병감에서 40세(1887년생)로 순국하고 말았다. 이종암도 대구지방법원 재판(1926년 12월 28일)과 1927년 1월 대구복심법원에서 징역 13년형이 확정됐다. 대전형무소로 이감된 이종암은 위장병, 인후병, 폐병, 각기병으로 죽음 직전에야 출감됐다. 1930년 5월 19일 석방된 이종암은 고향 대구로 내려와 형 이종윤의 남산동 집에서 지내다 고문 후유증과 깊어진 병으로 1930년 5월 29일 35세(1896년생)로 영면했다.

[이종암 경북의열단 군자금 조달사건 관련자 재판 결과]

이름	조치 및 형량	이름	조치 및 형량
신철휴(申喆休)	증거불충분 석방	김병환(金鉼煥)	무죄
이주현(李周賢)	〃	이기양(李起陽)	〃
한일근(韓一根)	〃	이종암(李鍾岩)	징역 13년
김재수(金在洙)	무죄	배중세(裵重世)	징역 1년
이병태(李炳泰)	〃	한봉인(韓鳳仁)	징역 8개월 집행유예 2년
이병호(李炳浩)	〃	고인덕(高仁德)	재판중 순국

② 서상락·이경희·이현준·이덕생·이상도·이기양의 독립운동

대구 산격동 출신의 서상락은 1918년 1월 만주의 신흥무관학교를 수료하고 교관으로 있으면서 1919년 이종암·김원봉 등과 함께 의열단 창단에 참여했다. 이종암과 밀양경찰서 폭탄 파괴 계획에 참여했다가 발각되자 피신해 국내서 모

은 군자금 2,000원을 의열단에 전달했다. 뒷날 의열단 상해 책임자로 활동하다 1922년 7월쯤 독일로 갔다가 1923년 5월 28일 괴한의 습격을 받아 순국한 것으로 알려진다.

이경희는 대구에서 1907년 설립된 사립 협성학교 교사로 근무했고, 1908년 조직된 달성친목회에 가입했으며 1909년의 비밀결사인 대동청년단에도 참여했고 1910년 나라가 망하자 망명했다. 1919년 만세운동 이후 국내에서 머물며 1920년 창립한 노동공제회에 참여하여 1921년 대구 출신 정운해 등과 노동공제회 활동을 폈다. 1923년에는 이종암과 소위 황옥사건에 연루돼 징역 1년형을 선고받았고 이종암은 무사했다. 이경희는 1928년 대구 달성공원에서 결성된 'ㄱ당'에 참여한 이강희의 형이다.

1902년생의 이현준은 대구 출신으로 이종암, 이경희와 함께 황옥사건에 연루돼 이종암은 무사하고 이경희가 징역 1년형을 받을 때 경성지방법원에서 징역 5년형을 받았는데, 중국 노하중(潞河中) 학생 신분이었다. 1922년 8월 이르쿠츠크 고려공산당 간부인 의열단 고문 장건상과 인연을 맺은 이현준은 1923년 3월 의열단의 국내 무기수송에 참여하여 서울에 머물다 3월 15일 일제의 검거 작전에 노출되면서 이경희와 함께 붙잡혔다.

대구 계성학교 출신인 이덕생은 1919년 4월 학생비밀단체인 혜성단에 가입해 활동하다 징역 1년6월형을 선고받았다. 그는 뒷날 중국으로 망명, 이상일(李相一)이란 이름으로 의열단에 가입했다. 이덕생은 의열단이 1924년 1월 예정된 일왕자 히로히토(裕仁)의 결혼식 때 거행할 동경 폭탄거사 자금 30,000원의 국내 조달을 위해 1923년 12월 11명의 단원을 선발할 때 포함됐다.

이덕생은 장두환(張斗煥)이란 가명으로 양건호(이종암)와 함께 대구에서 10,000원 모금 임무를 맡았지만 실행하지 못했다. 이덕생은 또 의열단원 이방신, 한진산과 대구의 친일부호인 장길상과 정재학에 대한 암살계획을 세우기도 했다. 이덕생은 이후 의열단에서 탈퇴했고 1930년대에는 한국독립당에서 간부로 활동했다고 한다.

의열단 관련 대구사람에는 이상도와 이기양, 기생 현계옥도 있다. 이상도는 1923년 상해청년동맹에 가입해 독립운동을 하다 붙잡혀 징역 2년형을 받았다. 이기양은 이종암에게 은신처를 제공했다가 1925년 체포됐지만 무죄로 풀려났다. 소위 '황옥사건'으로 이어진 의열단의 무기 국내 반입 활동에는 여성 현인근(玄仁權·현인권玄仁權)도 있는데 현계옥(玄桂玉)으로 널리 알려진 인물이다.

1896년 경남 밀양 출생(추정)의 현계옥은 대구 기생조합 소속 예기로 있다 1914년 서울로 옮겨 독립운동가 현정건(玄正健)을 따라 중국에 건너가 의열단의 여성 최초 단원이 되었다.

(2) 신흥학우단 폭탄 공격 계획과 대구 남문시장 폭탄 암살모의 등

1920년 대구에서는 주요 관공서나 한국인 관리, 일본 고관을 폭탄으로 파괴하거나 암살하려는 거사 계획이 잇따라 적발됐다. 이들 거사는 1920년 2월 12일 신흥학우단 소속 대구거주 경북 고령사람 문상직 단원 등의 폭탄공격 계획과 1920년 6월 대구사람 조기홍 등의 대구 남문시장 폭탄암살 모의 형태로 나타났다.

1914년 만주에서 신흥중학 군사과를 수료하고 1918년 신흥학우단에 가입한

문상직은 국내 주요 관공서 폭파와 고관 암살을 여러 동지들과 결의하고 역할을 나눈 뒤 권총과 탄환을 갖고 1919년 10월 대구에 잠입했다. 그는 대구 봉산동 서영균 집에 은신해 달성군의 송정덕(송정득), 김근, 홍우제 등과 만나 거사를 준비했다. 문상직은 1920년 1월, 홍우제를 만주로 보내 수제 폭탄을 국내에 반입하도록 했다. 그러나 이들의 거사 계획은 실행 전에 발각되고 연루자 17명 가운데 문상직과 서영균, 송정덕 등 6명은 예심에 넘겨졌으나 문상직만 기소되고 재판에서 징역 5년형을 선고받았고 나머지 5명은 증거불충분으로 면소됐다. 문상직은 출옥한 뒤 1927년에는 조선공산당사건 관련자로, 1928년 6월에는 대구에서 발각된 'ㄱ당(黨)'사건에도 참여해 주동자로 붙잡혀 다시 징역 5년형을 받아 투옥됐다.

또 1920년 7월 24일 대구에서는 일제 경찰이 지칭한 폭탄암살음모단사건 관련자 11명이 검찰에 송치됐다. 대구에서 대장간 일을 하던 조기홍과 충북 옥천(경북 영일 본적)에 사는 대한광복회원 양한위 등 대구경북 출신인 이들 11명 중 일부는 대구 남문시장에 모여 폭탄을 만들거나 구해서 일제의 한국인 관리 등을 처단할 것을 계획했으나 사전에 발각돼 실패하고 말았다. 조기홍은 기소되어 1920년 7월 31일 징역 5월형을 선고받아 옥고를 겪었다. 대한광복회 지휘장인 권영만도 체포됐는데 특히 그는 총독부 정무총감 폭살을 위해 폭탄을 소지한 것처럼 보도됐지만 그해 7월 22일 증거불충분으로 불기소 출감했다. 그러나 경산사람 허병률, 안동사람 김영식은 중국으로 떠나 무사했다. 허병률은 1920년 8월 귀국해 군자금을 모금하다 밀고로 잡혀 원산형무소에 징역 7년형을 살았고, 1921년 체포돼 수감된 대한광복회 우재룡 지휘장을 원산형무소에서 만나 도움을 받기도 했다.

한편 비밀 독립운동결사대를 꾸려 임시정부와 연계한 독립운동을 펼치려다 25세 나이로 순국한 대구 젊은이 김석주(金錫柱)와 경북 의성 출신의 그의 동지 장내주(張來周)의 대구 활동도 1920년에 펼쳐졌다. 김석주는 의성 출신 장내주와 뜻을 모아 1920년 8월 6일부터 1주일 동안 대구의 김문재와 달성군 최상설 등 6명을 비밀결사대에 가입시켰다. 그는 기생 출신 이동옥에게 요릿집을 내도록 하여 동지를 모으려 했다. 그러나 경찰에 발각돼 장내주와 함께 징역 2년형을 살다 1921년 11월 풀려난 김석주는 고문 여독으로 1922년 6월 순국했다.

(3) 송두환과 최윤동의 제2 경북중대사건(가이순사사건)

1920년 12월 8일 경남 의령군 유곡면 칠곡리의 부호 남정구 집에 독립군자금을 받으러 갔던 경주사람 김종철과 김봉규가 일본 순사 가이 히데(甲斐秀)를 권총으로 사살하고 종적을 감춘 사건이 벌어졌다. 일제는 경찰력 500명을 동원해 검거에 나섰지만 용의자의 행적은 묘연했다. 1917년 12월 이종암의 대구은행 돈 10,500원의 독립자금화 활동인 제1 경북중대사건에 이은 소위 제2 경북중대사건이다. 그러다 1923년 11월 대구사람 최윤동과 서울 출신 이수영이 경북 군위군 부계면 대율동에 사는 거액의 현금 보유인인 홍정수에게 군자금 조달을 위해 가다 경찰에 붙잡히면서 사건 진상은 밝혀졌다. 대구사람 송두환이 가이순사 사살사건의 배후이고 김종철과 김봉규가 당사자라는 사실도 드러났다.

최윤동과 송두환은 1914년 대구에서 정운해와 함께 비밀결사인 새배달모임을 결성했던 인물이다. 송두환은 1916년 만주 등지를 돌며 동지들을 만났고 3·1 만세운동 이후 실력투쟁의 필요성을 절감하고 1919년 5월쯤부터 김종철과 울산 출신 최해규와 결사의 동지 규합에 나섰다. 송두환은 또 임시정부와 연계하며 군자금을 모금하고 권총·실탄 등 무기도 구입해 1920년 5월 대구 정동석 집에 숨겼다. 목숨을 나눌 동지 규합과 무기보관 등 준비를 갖춘 송두환은 빈민회 조직과 소작료 투쟁, 군자금 모금 등의 국내외 활동과 독립운동을 병행하던 중 가이순사 사살사건을 일으켰다. 송두환은 1921년 4월 하순 김종철과 만주로 가다 신의주에서 붙잡혀 2년형을 살다 1922년 8월 29일 나왔다.

그러나 비밀은 최윤동이 1923년 군위로 가다 경찰음모로 붙잡히면서 발각됐다. 특히 최윤동의 체포는 일제가 의열단원의 친척을 위장해 접근한 음모의 함정수사 때문이었다. 최윤동의 검거로 관련자들이 붙잡히면서 가이순사사건 전모도 밝혀졌고 모두 29명의 연루자 가운데 김응섭과 김지섭, 배천택 등은 피신했다. 재판결과, 정동석의 징역 10월(집행유예 2년)부터 노기용의 징역 5년까지 형이 확정됐고 최윤동은 징역 2년 6월, 송두환은 징역 10월을 받았다. 그뒤 송두환과 최윤동은 출감해 신간회 대구지회 참여로 각각 집행위원장과 지회장으로 활동했다.

[제2 경북중대사건 관련자]

이름	나이	직업(신분)	주소	비고
노기용(盧企容)	27	무직(상민)	경남 합천 적중면	징역 7년
김봉규(金鳳奎)	32	농업(상민)	경북 경주군 양북면 나정리	징역 4년
최윤동(崔胤東)	27	사립대성학원 교사(양반)	대구부 명치정 2정목 88	징역 2년6월
이수영(李遂榮)	37	여인숙(상민)	경성부 인사동 7	〃
정내영(鄭騋永)	25	농업(상민)	경북 경주군 양북면	징역 1년6월
송두환(宋斗煥)	32	잡화상 겸 토지중개업	경북 달성군 수성면 신암동	징역 10월
정동석(鄭東錫)	39	농업(상민)	경북 달성구 수성면 신암동	〃
정두규(鄭斗奎)	26	농업(양반)	경남 합천구 초계면	〃
정두희(鄭斗禧)	33	미상(1922년 사망)	경남 초계면 원당동	〃

배천택(裵天澤)	32		본적:대구부 수정 254	미체포
이상도(李相道)	28	평민(平民)대학 학생(상민)	본적:대구부 남산정 647	관련자
백동희(白東熙)	27	곡물상(양반)	대구부 수정 210	관련자
김연수(金緣洙)	23	기생(양반)	대구부 수정 82	유일 여성

(4) 의열단과 제2 유림단의거

의병, 자정순국, 파리장서운동 등으로 저항한 국내 유림의 독립운동은 임시정부 참여나 의열단 연계 활동으로 이어졌다. 경북 성주 출신 김창숙은 상해에서 머물며 임시정부에 참여하고 의열단 고문으로 활약하면서 비밀결사 판의단(判義團)도 조직했다. 특히 그는 내몽고 미개간 황무지 200,000정보를 사서 동포를 이주시켜 농사를 짓고 군대를 양성해 독립을 이뤄내자는 구상을 추진했다.

이를 위해 김창숙은 1925년 3월부터 7월까지 달성사람 이봉로, 영주 출신 송영호, 봉화의 김화식 등과 역할을 분담했다. 필요한 자금 200,000원은 3남(三南)에서 김창숙·김화식·송영호가 모집하고 이봉로는 북경에서 연락을 맡으며 국내 모집 3인은 3남지방 유림단과 제휴, 모금하기로 했다. 또한 무기를 갖고 군자금 모금에 응하지 않을 경우 사살해 일반 부호의 의연을 쉽게 하자고 했다. 김창숙은 군자금 모집 총지휘, 김화식은 무기 등의 국내 반입, 송영호는 단원 비용부담과 무기휴대로 직접 모험행동 수행, 이봉로는 상해의 성주사람 정세호에게 무기를 받기로 했다.

임무를 위해 1925년 5월 송영호가 국내 잠입하고 8월 김화식, 9월 김창숙도 귀국하고 이봉로는 상해로 정세호를 찾아갔다. 김창숙은 1926년 대구에서 이동흠과 이종흠 등과 만나 모금 활동을 강화했지만 6개월 넘도록 모금액은 12,400원에 그쳤다. 이에 김창숙은 1926년 3월 17일 범어사에서 비밀모임을 갖고 모금에 협조 않는 부호 처단을 위해 대구의 자산가 장길상 등 대상을 찾았다. 그는 이들을 처단할 요원을 구하러 1926년 3월 23일 중국에 가서 의열단원들을 만났다. 그러다 국내 자금조달 활동 동지 체포 소식이 들렸고 김창숙은 조선총독부 공격과 일본인 고관 처단, 중요 관청 폭파 계획을 세웠다. 그는 의열단원 나석주 등과 방안을 마련하고 무기구입과 활동비로 모금한 3,000원의 절반을 전달했다. 이후 비용 문제로 의열단원 4명 대신 나석주 단독 거사로 조정됐고 나석주는 1926년 12월 27일 서울에 도착했다. 그는 28일 조선식산은행에 폭탄을 던졌으나 불발되자 조선척식회사에 폭탄을 던졌다. 이마저 불발되자 권총을 발사, 일본인 직원 등 5명을 살상했고 경찰과 대치하던 그는 경찰 간부를 사살하고 자결했다.

일제가 1926년 4월부터 수사한 가운데 사건 배후는 1927년 6월 김창숙이 상해 일본 영사관에 붙잡혀 서울로 압송되면서 드러났다. 붙잡혀 조사받던 600여 명 중 29명이 예심을 받았고 13명이 기소됐다. 김창숙은 심한 고문으로 다리를 절게 됐고 14년 옥살이를 했다. 제2 유림단사건으로 불린 1926년의 유림 독립군 자금 마련 및 나석주 동척 폭탄투척사건 연루자의 36명은 대구경북 출신이었다.

[제2 유림단사건 관련자 대구 거주자 6명]

이름	나이	주소	이름	나이	주소
권용택(權容澤)	38	대구부 남산정	김창근(金昌根)	?	대구부 남산정 86
박만규(朴晩閨)(여성)	?	대구부 남산정 134	임경규(林慶奎)	?	대구부 봉산정
이봉로(李鳳魯)	26	달성군 하빈면	김헌식(金憲植)	59	대구부 봉산정 52

(5) 서상한의 동경 폭탄투척계획사건

의열단은 1923년 9월 일본 동경에서 일본 왕자의 결혼식을 겨냥한 거사 즉 동경대불온(大不穩)계획을 세웠으나 실행하지 못했다. 1924년에도 단원 김지섭의 일본 동경 이중교(二重橋)투탄사건이 있었지만 실패했다. 그리고 1925년 이종암 부단장의 동경거사 준비를 위한 군자금 모금 활동도 대구에서 좌절됐다. 이에 앞서 동경의거가 펼쳐졌으니 바로 1920년 대구사람 서상한(徐相漢)의 폭탄투척 계획 거사이다.

독립운동가 서상일의 동생 서상한은 일본 유학 중 옛 대한제국 영친왕 이은 세자와 일본 왕족 나시모토 미야의 딸 마사코의 1920년 4월 28일 결혼 소식에 거사를 꾸몄다. 결혼식장에 폭탄을 터뜨려 혼인을 막고 조선총독 사이토와 일본 요인을 폭사시킬 계획이었다. 1914년 대구고등보통학교에 다니다 1918년 유학 해 조선고학생동우회를 꾸리고 우체국 집배원 근무 등으로 고학하던 중 1920년 2월부터 거사를 준비했다. 폭탄을 만들어 동경 부근 들판에서 실험까지 마친 그 는 혼례식장이 될 이은 세자 자택 안이나 출입 승용차에 폭탄을 던지고 일본 내 무성과 외무성, 경시청 등 관공서도 폭파할 계획을 세웠다. 그러나 거사 전에 일 제 밀정인 한국인 유학생의 밀고로 1920년 4월 11일 붙잡혀 계획은 좌절되고, 그해 9월 동경공소원에서 금고 4년이 확정됐다. 그의 폭탄거사 계획 관련자는 15명이었으나 증거가 없어 기소되지 않았다.

(6) 이원기·이육사·이원일 형제 독립운동

1904년 안동에서 태어난 이육사(본명 이원록)는 1920년 형 이원기, 동생 이원일 과 대구에서 지내다 1921년 결혼했다. 그는 1922년 영천 백학학교 수학, 1923년 대구 이사와 일본 유학, 1925년 대구의 조양회관을 통한 신문화운동과 청년활동 등으로 대구와 인연을 이었다. 또 1925년 9월 성주 출신 이정기와 만나 비밀결사 참여, 1926년 봄 북경 방문과 1927년 8월 귀국 등으로 활동의 보폭을 넓혔다. 특히 1927년 10월 18일 경북 칠곡 출신 장진홍(張鎭弘)의 조선은행 대구지점 폭탄사건이 터지자 이육사는 형 이원기, 아우 이원일과 함께 경찰에 붙잡혀 1929년 5월 풀려날 때까지 억울한 옥살이를 하면서 대구와는 특별한 독립투쟁의 인연을 맺었다. 6형제 둘째로 태어나 '육우당(六友堂)형제'로 잘 알려진 이육사는 대구 옥살이 이후 17차례 수감되고 1943년 7월쯤 일제의 북경 감옥으로 끌려가 1944년 1월 6일 41세로 순국하고 말았다.

이육사는 1927년 장진홍의 폭탄거사 때 일제 경찰의 무리한 수사망에 걸려 형제들과 수감생활을 하면서 얻은 수인(囚人)번호(264번)를 이름처럼 쓰면서 본명인 이원록보다 널리 알려졌다. 진상은 1929년 2월 14일 일본에서 폭탄거사 장본인 장진홍이 붙잡히면서 밝혀졌다. 이육사 3형제는 의열단에 입단, 비밀조직원으로 활동한 것으로 알려졌지만 논란도 있다. 그러나 이육사는 1932년 의열단이 중국 남경에 설립한 조선혁명군사정치학교 1기생으로 1933년 4월 22일 졸업했고 동기생 김공신·신병원의 경찰 진술에 미뤄 의열단원으로 알려진다.

김공신 등은 "생도는 전부 의열단원으로 구성돼 있고 조선혁명군사정치학교는 의열단의 투쟁기관으로 의열단 교양기관이었다"며 자신들이 의열단원임을 진술했다.

이육사는 혐의를 벗고 1929년 5월 풀려난 이후 대구에서 활동을 계속했다. 이육사는 그러나 1929년 11월 광주학생운동 이후 대구에서 배일격문이 나붙은 사건이 1930년 11월 일어나자 배후자로 지목되어 형 이원기(조기 석방), 동생 이원유(이원일)와 또다시 1931년 1월 붙잡혀 약 7개월 옥살이를 했다. 그는 이후 1934년 3월 20일 조선일보 대구특파원으로 채용됐으나 다시 투옥되는 등 탄압을 받으면서도 변절하지 않고 저항한 민족시인이자 독립운동가였다.

2) 1920년대 대구 비밀 독립운동(단체)

1920년대 대구에서는 비밀결사 독립운동과 군자금 모금 활동들이 펼쳐졌다. 대한광복회가 1915년 결성됐던 달성공원에서는 비밀결사 'ㄱ당(黨)'이 조직됐다. 또 1919년 3월 만세운동 이후 만주에서 결성된 독립운동단체인 흥업단은 대구 경북과 충청도 사람을 동지로 삼아 군자금 모금 활동을 벌였다. 중국 북경에서

1920년대 활동한 비밀단체 다물단도 경북 경산 등지에서 군자금을 모금했는데, 여기에 대구경북 사람들이 참여했다. 1920년 9월 경북 김천에서는 나라 밖 독립운동을 지원하는 비밀결사인 조선독립운동후원의용단 결성이 논의될 때 대구사람들도 참여했다. 후원의용단은 만주의 서로군정서를 상부기관으로 삼아 지원활동을 벌였다. 대구사람들은 1918년 대한광복회 와해 이후 1920년 조직 재건을 위해 임시정부와 연계한 활동을 벌이는 과정에서 우재룡 등이 결성한 주비단에서도 참여해 활동했다.

(1)대구 달성공원 비밀결사 'ㄱ당(黨)'

1928년 5월 20일 대구 달성공원에서 결성된 비밀결사 'ㄱ당(黨)'은 신간회 대구지회의 간부인 노차용 등이 모여 기존 사회단체의 강연회나 야학 등으로는 독립을 이루기 힘들다고 판단해 만든 단체였다. 신간회 대구지회 출판 간사인 이상화 등도 참여한 'ㄱ당(黨)'은 뜻있는 청년을 모아 중국 군관학교에 보내 만주 미개간지를 개척해 실력을 양성하여 조선의 혁명과 독립을 도모하자는 데 뜻을 두었다. 이들은 만주를 활동무대로 삼아 독립운동을 펼치겠다는 뜻으로 새로운 단체 이름도 부산 신간회에서 활동하던 이강희(독립운동가 이경희 동생)의 제안에 따라 채택했다. 즉 이강희의 'ㄱ당'은 '한글의 첫 번째로 한국의 기원'을 뜻하는 'ㄱ'을 염두에 둔 작명이었다. 'ㄱ당'은 재무부와 조사부, 연구부를 두고 각 책임자를 정해 역할을 분담했다. 그러나 'ㄱ당'은 활동자금을 마련하는 과정에서 정체가 경찰에 노출됐고 재무부를 맡았던 노차용이 그해 6월 12일 경찰에 연행되면서 관련자 10명이 붙잡히고 조직도 와해됐다.

(2) 흥업단의 독립군자금 모금

만주의 군정서 소속인 흥업단에는 대구 출신 이시영(서울 출신 이시영과 동명이인)

이 참여하고 있었다. 이시영은 흥업단의 김호 단장의 명령을 받아 호남 출신 이

만준 등과 함께 국내에서 중국 망명에 나서는 젊은이 400~500명을 모아 만주의

무관학교인 백산학교에 입교시켰다. 이만준은 김호 단장의 군자금 모금 지시로

1920년 연말 전후로 잠입, 대구와 밀양, 양산을 근거 지로 삼아 조직을 키웠다.

이만준은 대구여성 박수의를 비롯하여 대구와 경북의 달성, 안동, 청도, 군위, 의

성 그리고 경남의 밀양, 양산 등지에 사는 동지를 끌여들였다. 군자금 모금에 들

어간 이만준은 1921년 8월 청도 부근에서 경찰에 붙잡혔으나 비밀을 지켜 20일 구류 끝에 풀려났다. 대구여성 박수의는 권총과 실탄을 보관했다. 그런데 1922년 4월 박수의가 보관하던 무기를 갖고 군자금 마련에 나선 이재술 등이 군위에서 경찰에 발각돼 관련자 28명이 체포됐다.

(3) 다물단의 대구사람

중국 북경에서 결성돼 활동한 1923년 다물단과 1925년 다물단에는 대구경북 사람들이 참여하고 있었다. 신채호, 유자명, 이회영 등의 지도로 꾸려진 1923년 다물단에는 대구 출신 배천택과 경북 출신 김동삼, 남형우 등이 참여한 것으로 알려졌다. 이들은 같은 해 3월 하순, 상해에서 독립운동 계파 간 충돌방지 등을 위한 조직으로 국민당을 출범시켰고, 독립운동에 방해되는 악질분자 처단을 위한 단체결성을 논의하는 과정에서 1925년 4월 14일 새로운 다물단을 만들었다. 앞서 이들은 1925년 3월 30일 북경의 일제 밀정인 거물 친일파 김달하를 처단했다.

김달하 처단 직후인 4월 14일 북경대학에서 출범한 새로운 다물단에는 대구 출신 배천택과 서동일, 경북 상주 출신 유우국 등 40여 명이 참여한 것으로 알려진다. 서동일은 다물단에 앞서 국민당의 재무부장으로 참여했는데, 다물단에서도 군자금 모금 활동이 주로 나타나고 있다. 서동일은 국내 잠입 이후 경산과 청도에서 모은 독립자금 1,400여 원을 1924년 2월 북경에 돌아가 남형우·배천택에게 전달하고 1925년 1월과 5월에 국내에 파견돼 청도, 경산에서 군자금을 모금 활동을 벌였다. 서동일은 1월에는 군자금 모금에 성공했으나 5월에는 경찰에 붙잡혔고, 이후 6월 22일 배천택 등 7명의 관련자가 체포되면서 다물단사건이 알려졌다.

(4) 조선독립운동후원의용단의 활동

경북 김천에서 1920년 9월 발의되어 출범한 조선독립운동후원의용단은 군자금 부족에 시달리는 나라 밖 독립운동단체를 돕고 후원하기 위한 비밀단체로 경상도 사람들이 중심이었다. 국외 상부기관으로 둔 서로군정서는 안동 출신 독립운동가로 임청각의 주인인 석주 이상룡이 책임자로 있는 기관이었다. 의용단의 중심 인물과 구성원 분포를 본적지 기준으로 보면 경북 29명, 경남 4명, 황해도 1명, 충북 3명, 충남 1명, 경기도 4명이다.

대구사람으로는 이종국, 박호진, 곽방, 양한체가 있다. 이들은 군자금 마련에 나서면서 서로군정서와 임시정부 명의의 사령서나 경고문, 사형선고문 등을 대구와 김천 등에서 경상도 부호들에게 보내 의연을 요청했다. 요청한 군자금 규모는 370,000원이었지만 실제 징수한 모금액은 알려지지 않는다.

이들 활동과 의용단의 정체는 1922년 11월 28일 대구의 계림여관에 있던 이태기 등 4명이 대구경찰서 형사에 붙잡히면서 발각됐다.

(5) 주비단의 대구 활동

1919년 상해 대한민국 임시정부가 1920년을 '독립전쟁의 해'로 선포하고 임시군사주비단제를 국무령 제1호로 발표하자 국내에도 주비단이 서울과 황해도에서 결성됐다. 독립고취와 군자금 마련, 해외 독립군 장정 모집이 주 임무인 주비단의 황해도 조직은 임시정부 주도로 이뤄졌다. 반면, 서울의 주비단은 이민식 등 한말 관료 중심으로 조직됐으며, 특히 1918년 이후 와해된 대한광복회의 생존 회원들과 연계한 연합 성격의 단체였다.

서울의 주비단에서는 1919년 3월 만세운동 이후 국내외 은신처에서 벗어나

활동을 재개한 옛 대한광복회원 가운데 권영만·우재룡 지휘장이 중심 인물이었다. 서울의 주비단은 군자금 모금을 주요 활동 목표로 삼았는데 임시정부의 공채를 매각하는 방법을 썼지만 모금이 여의치 않자 요인암살과 주요 기관폭파 등을 계획했다. 그러다 1920년 7월 24일 대구에서는 대구사람 조기홍을 비롯한 관련자 11명이 검찰에 송치됐다.

대구 남문시장에서 폭탄을 만들거나 구해서 일제의 한국인 관리 등을 폭탄으로 처단할 것을 계획(임시정부 임시군사주비단사건)한 일로 권영만도 붙잡혔다. 권영만은 7월 22일 증거불충분으로 불기소 출감하게 됐지만 군자금 모금 등의 혐의(강도)로 다시 붙잡혀 경성지방법원에서 1922년 4월 징역 8년형을 선고받았고, 1921년 검거된 우재룡은 무기징역형을 받고 감형, 원산형무소에 수감돼 1937년 4월 출감했다.

(6) 이현수(이두산)의 활동

1920년 8월부터 1921년까지 경북도내 관공서의 한국인 관공리와 한국인 부호 등에게 자주 불온문서가 배달된 가운데 1923년 1월 9일 대구사람 이현수(李賢壽)가 경상북도경찰부에 자수했다. 이미 경찰도 그에 대한 수사를 벌이던 중이었다. 수사 결과, 관련자 42명 가운데 27명이 체포됐고 이현수는 1923년 1월 24일 검찰에 송치됐다. 관련자 42명 중 35명이 대구경북 출신이고 대구(달성 포함) 주소자만 16명이었다.

이현수는 기독교를 믿는 아버지 영향을 받아 대구에서 대남학교를 다녔고 계성학교에 편입하여 1915년 졸업하고 숭실전문학교에 진학했다. 1917년 9월 상해 등지를 다니다 1919년 3월 모친상으로 귀국했다가 상해 임시정부가 수립되자 재무부 서기로 근무했고 1920년 1월 임시정부 무관학교에 입학해 6개월쯤 훈련을 받았다. 1920년 8월 10일 대구로 돌아온 그는 공채모집위원 및 교통특파원 사령을 바탕으로 군자금 모금에 나섰다. 그는 경고문과 포고문, 유고문 등 각종 인쇄물을 등사기로 인쇄하여 경북도내 군수와 면장 등 관공리와 부호들에게 우송했다. 경북지역에 연락망을 구축하는 등 독립운동을 벌였다. 그는 또 독립여론 형성을 위해『자유지(自由誌)』를 발행하고 영문전단지를 만들어 대구, 전주, 평양 등지의 외국인 선교사 등에게 배포하기도 했다. 그는 징역 1년형을 선고받아 1924년 5월 풀려났다.

이현수는 출감 뒤 밀양에서 학교 교사와 사회단체 간부로 활동하다 1925년 5월 큰아들 이정호를 데리고 상해로 떠났고, 1930년 전후로 합류한 차남 이동호와 함께 세 부자(父子)가 중국에서 독립운동을 펼쳤는데, 이두산(李斗山)으로 더 알려졌다. 임시정부와 좌우익 독립운동단체에도 합류해 활동했다. 또한,『한성(韓聲)』과『동방전우(東方戰友)』,『조선의용대통신』등의 기관지 발간과 운영, 편집 참여 그리고 집필과 기고 등을 통해 한중(韓中), 한·베트남 국제연대 활동과 독립운동을 고취했다. 이현수의 중국인 부인 진덕심과 며느리(장남 이정호의 처)인 한태은(독립운동가 한진교의 딸)도 독립운동에 참여했으나 광복을 전후하여 귀국 과정에 이현수 가족은 한국(이현수·이정호 부부)과 중국(진덕심)과 북한(이동호)으로 헤어지고 말았다.

3) 무정부주의와 사회주의 독립운동

일제에 맞선 한국인에게 다양한 사상과 이념은 독립운동의 방편이었다. 대구에서 독립운동에 나선 젊은이들이 무정부주의와 사회주의까지 수용하고 비밀

결사를 조직, 활동했던 까닭도 마찬가지였다. 일제 탄압에도 진우연맹을 결성하고, 러시아 혁명에 영향을 받아 폭력을 통한 독립운동을 호소한 허무당선언 같은 일도 그런 맥락에서 나타난 현상이었다.

(1) 진우연맹

대구에서 1925년 9월 무정부주의 이념으로 진우연맹을 결성한 인물은 대구사람 서동성과 경북 칠곡의 신재모, 경남 함안 출신으로 대구청년회 간부인 방한상을 비롯한 7명이었다. 뒷날 회원이 10명으로 늘어난 진우동맹은 친목 도모를 명분을 내세웠다. 이들은 대구의 지식층으로, 동맹휴학 주동이나 청년회나 사회단체 활동가, 노동단체 지도경력 등 다양한 분야에 참여한 젊은이들이었다.

1923년 일본에서 무정부주의 활동을 벌이던 경북 문경 출신 박열이 만든 비밀 단체인 불령사(不逞社)에 참여하고 일제의 불령사 탄압 때 검거됐다 풀려나 대구에서 박열 후원활동을 펴던 서동성이 진우연맹 결성에 앞장섰다. 방한상은 1925년 11월 일본에서 무정부주의자와 접촉하고 돌아왔다.

1926년 4월에는 일본 무정부주의자 지도자 구리하라 가즈오는 대구에 와서 진우연맹 회원들은 만나 과감한 폭행 감행과 일본 극력단체인 흑색청년연맹 가입을 권유했다. 진우연맹 회원들은 1926년 4월 극비회동을 갖고 무정부주의 실현을 위해 흑색청년연맹처럼 과격 행동을 하기로 뜻을 모았다.

부호들로부터 자금을 조달해 대구에 있는 경북도청과 경찰서, 우체국, 법원과 주요 관청, 일본인이 몰린 상업 중심가의 점포 파괴, 경북도지사와 경찰부장, 기타 관청 고관을 암살하기로 했다. 중국 상해의 관련 인물과 연락, 접촉해 상해에서 계획 중인 극동무정부주의총연맹이 결성될 경우 가맹한다는 뜻도 세웠다. 그런데 일제는 진우연맹원들이 마약과 관계가 있다는 음모를 꾸며 1926년 5월 26일 체포에 나섰다.

일제는 한국인 13명과 일본인 2명을 포함한 15명을 적발했다. 한국인 13명 가운데 12명의 처분은 징역 5년(4명), 징역 3년(2명), 징역 2년(2명), 징역 2년에 집행유예 4년(2명), 징역 6월에 집행유예 2년(1명), 기소중지(불기소) 1명이었다. 9명은 1929년까지 감시 대상자가 됐다.

(2) 윤우열과 허무당선언

대구사람 윤우열은 1917년 11월 러시아혁명의 성공에 고무돼 폭력에 의한 사회변혁과 독립을 희망했다. 대구 남산동에서 태어나 서울의 사립 중동학교와 중앙기독청년회 영어과, 일본 동경 세이소쿠영어학교 속성과 등에서 공부한 윤우열은 1923년부터 공산주의, 무정부주의, 허무주의 등 격렬 사상에 빠져 흑로회(黑勞會), 흑풍회(黑風會) 같은 비밀단체와 대구의 조직인 철성단에도 관계했다.

1925년 11월부터는 대구 집에서 허무당선언서를 초안해 1926년 1월 2, 3일 서울에서 동지 하은수에게 이를 인쇄하도록 했다. 이어 1월 3일 우체통을 통해 전국 각지에 보내고 이윤재(한글학자) 등의 집을 옮겨다니며 피신했다. 그는 선언서에 '혁명을 앞에 둔 조선이 불안과 공포로 신음하고 있는 이때에 즈음하여 폭파, 방화, 총상의 직접 행동을 주장하는 허무당은 분기하도다'는 과격한 내용을 담았다. 경찰에 붙잡힌 윤우열은 1926년 5월 경성지방법원에서 징역 2년을 선고받고 옥살이를 하다 1927년 2월 일왕 쇼와(昭和)의 즉위에 따른 은사(恩赦)로 감형돼 1년 2개월을 복역하다 출감했으나 폐렴으로 4개월만인 1927년 5월 23일 불과 24세 나이로 순국했다. 그는 대구의 달성학교 교장과 대구 계몽단체인 대한광학회 등에서 교육계몽운동을 하다 뒷날 친일행위로 돌아선 아버지 윤필오, 일본 유학과 언론 등 다양한 사회활동을 했던 형 윤홍렬과도 다른 삶을 살았던 독립운동가였다.

(3) 장진홍의 조선은행 폭탄거사

1927년 10월 18일 정오쯤 조선은행 대구지점에 배달된 나무상자 속 폭탄이 터지면서 순사 4명과 은행 사환 1명, 행인 1명이 중경상을 입었다. 폭발로 청사 일부와 은행 창문 70여 개가 부서지고 유리 파편이 대구역전까지 날아가 떨어졌다. 굉음과 함께 일대가 아수라장이 되고 대규모 인원을 동원한 경찰의 밤낮없는 수사에도 사건은 미궁에 빠지고 사건 장본인은 1년이 지난 1929년 2월 14일에야 잡혔다. 대신 누명으로 쓴 이육사 삼형제가 1929년 5월 풀려날 때까지 1년 7개월 수감되기도 했다.

이날 터진 폭탄 나무상자는 경북 칠곡 출신 장진홍이 전날 벌꿀을 가장해 신

장진홍

문지로 포장한 4개 상자 중 1개이며, 나머지 3개는 경북도지사와 경북경찰부장, 조선식산은행 대구지점에 전달될 예정이었다. 상자 속에는 점화된 폭탄이 있었다. 마침 포병 출신 은행 서무계 주임이 도화선 타는 냄새를 맡고 도화선을 끊고 3개는 건물 앞 공터에 두도록 했다. 경찰이 3개 상자를 은행 옆 도로로 옮겨놓는 순간 폭탄 1개가 터지고 나머지 2개도 폭발했다.

장진홍은 2차 계획을 세우고 동지인 영천사람 김기용과 함께 영천 폭탄거사

를 위해 폭탄제조와 투척연습 등으로 준비를 마쳤으나 김기용이 경찰에 붙잡히면서 실행하지 못했다. 이후 일본 오사카에 숨었던 장진홍은 1929년 2월 14일 붙잡히면서 관련자들도 검거되고 1929년 12월 예심종결과 함께 9명이 기소됐고, 10명은 풀려났다. 1930년 2월 17일 대구지방법원의 사형선고, 4월 24일 대구복심법원의 사형선고, 7월 21일 고등법원 상고가 기각된 장진홍은 7월 31일 36세로 옥중 순국했다.

1895년 경북 칠곡 인동에서 태어난 장진홍은 1916년 조선보병대를 자원 제대하고 마을 선배 이내성과 대한광복회에 가입했으나 1918년 조직와해 이후 만주로 갔다 러시아에서 청장년 동포의 군사교관을 활동하다 귀국했다. 일제의 1919년 3월 만세운동탄압과 만행 자료를 수집, 세계에 알리려고 노력했다. 그러다 1927년 3월 자칭 일본인 국제공산당 특파원을 만나 폭탄거사를 계획했다. 그에게 폭탄 제조법을 배운 장진홍은 시제품을 만들어 폭발시험까지 마치고 다수의 폭탄을 만들어 경북도청 등 9곳에 폭탄을 터뜨릴 거사에 나섰으나 뜻을 이루지 못하고 말았다.

4) 대구의 학생·청년·노동·여성운동

일제에게 학생은 독립운동의 요주의(要注意) 대상이었다. 일제의 비밀자료집인 『고등경찰요사』는 이를 말해준다. 일제는 1919년 3·1만세운동과 1926년 6·10만세운동, 대구의 학생비밀결사 사례를 들면서 학생들에 대한 경계심을 드러냈다. 실제로 대구의 학생운동은 활발했고 비밀결사도 끊이지 않고 명맥을 이어갔다.

"…운동을 단속하는 데에 주의해야 할 것은, 학생들의 운동 상에서의 위치이다. 즉 1919년 소요와 1926년 이왕(李王) 전하 국장 때처럼 항상 운동의 선구가 되어 활약한 학생의 행동에 비추어 보아도 명백할 뿐만 아니라, 신간회(新幹會)에서도는 당초 경비의 절반 이상을 할애하여 학생부에 돌린 것…근간에는 제4차 조선공산당에서 특히 학생부를 신설하여 주의(主義) 선전의 주된 힘을 학생에 쏟은 결과는 1928년 11월 본도(경상북도)에서 검거한 대구학생비밀결사 사건에서와 같이 대규모이며, 또한 조직적인 운동의 사실이 발견되는 등, 장래 사회의 중견이 되어야 할 학생에 대한 그들의 배일사상 함양과 공산주의 선전의 원대한 계책(計策)은 주목할 만하다.…"

(1) 대구 학생운동

① 대구 학생비밀결사 활동

일제의 민족 및 교육차별에 따른 교육기회 박탈로 식민지배 한국인의 80%인 농민의 문맹률은 90%였다. 일제 탄압과 수탈, 대(代)를 이은 가난과 무학(無學)으로 한국인의 미래는 암울했다. 사회변혁을 외치는 사회주의 사상과 이념의 전파, 수용, 확산을 통한 학생 독립운동은 대구사회에서 한 흐름이 됐다. 이와 관련된 강좌에 나선 강사는 대구청년동맹과 신간회 대구지회, 조선공산당 경북도위원회 등 사회단체 지도자와 사회운동가들이었다. 이런 영향을 받은 대구 학생들의 비밀결사 결성은 1920년대를 넘어 1930년대에도 이어졌고 학생들은 대구독립운동사의 중요한 축이 됐다.

1927년 2~3월과 4~9월, 10월의 대구고등보통학교 사상강좌 개최 이후 이듬해까지 결성된 대구지역 학생비밀결사는 모두 7개였다. 1927년 11월부터 결성된 신우동맹과 구화회, 혁우동맹, 적우동맹, 일우당, 붉세회, 우리동맹이다. 모두 강좌가 끝난 뒤 결성됐다는 사실이 공통점이다. 참여 학생의 소속 학교는 대구고등보통학교와 대구중학교, 대구상업학교, 대구농림학교의 재학생이며 교남학교 졸업생도 있었다. 그러나 1927년 11월~1928년 9월 결성된 7개 단체의 활동 기간은 일제 탄압으로 길지 않았다. 이는 학생 비밀결사 탄압 사례를 보면 짐작할 수 있다. 1928년 11월 6일 일제가 대구고보 학생들의 동맹휴업과 관련한 엄중한 수사를 진행하는 과정에서 학생비밀결사의 정체가 드러났고 일제는 모두 105명을 적발해 29명을 검찰에 송치했다.

[1927~1928년 대구에서 결성된 학생비밀결사]

단체이름	조직한 때	책임지도자
신우동맹	1927. 11	장적우(張赤宇), 윤장혁(尹章赫)
구화회	1927. 11	황보선(黃甫善)
혁우동맹	1927. 12. 27	장적우(張赤宇)
적우동맹	1928. 2. 26	윤장혁(尹章赫), 장종환(張鍾煥)
일우당	1928. 4. 30	장종환(張鍾煥)
붉세회	1928. 6. 상순	김동광(金東光)
우리동맹	1928. 9. 8	이덕주(李德周)

② 대구 학생 동맹휴학 투쟁과 피해

학생 저항은 동맹휴학(맹휴)을 통해 이뤄지기도 했다. 전국에서 발생한 맹휴투쟁은 1926년 6·10만세운동과 1929년 11·3광주학생운동의 영향을 반영하듯 1927~1931년 사이에 가장 많이 일어났다.

학생들의 맹휴투쟁은 관·공립과 사립을 가리지 않았지만 지역별로도 차이가 컸다. 대구경북에서 일어난 맹휴는 조선총독부 경무국 자료와『고등경찰요사』의 통계가 다르지만 흐름은 알 수 있다. 총독부자료에 따르면 1921~1929년까지 도(道)지역별 맹휴 건수는 전체 404건으로, 경기도가 77건으로 가장 많고, 황해도(42건)와 경남도(38건), 전북도·강원도(각 29건), 전남도(28건), 평북도(24건), 충남도·평남도(각 20건), 충북도(17건) 등의 순이고 경북도는 14건에 불과해 13도에서 가장 적었다. 그러나『고등경찰요사』에 같은 기간 대구경북의 맹휴 건수는 81건이었다.

『고등경찰요사』에 나타난 1911~1929년까지 대구경북에서 일어난 학생 맹휴 투쟁의 원인 분석자료에 따르면 교원배척이 가장 많은 58건이었다. 이는 전체 맹휴투쟁 99건의 59%를 차지해 교육현장에서 일상으로 일어난 일본인의 민족 차별과 이에 대한 학생들의 반발과 시정 요구가 얼마나 컸는지를 보여준다.

실제로 1928년 초 대구고보의 일본인 교사가 전(前) 학기말 역사시간에 이순신 장군을 '적(敵)'이라고 가르치는 부당함을 따지던 학생 14명에게 학교 당국이 퇴학에 해당하는 강제전학 조치를 내리자 학생들이 반발했다. 14명 강제전학 조치에 2학기 개학과 함께 학생들은 9월 26일 학교장과 문제 발언의 교사배척을 요구했다. 학교가 이를 거부하자 학생들은 등교거부로 맞섰다. 학교 당국이 다시 9월 27일 172명의 학생을 정학처분하고 이어 29일에도 18명을 퇴학조치하자 9월 28일 4·5학년 학생들은 등교를 하고도 수업에는 참여하지 않았고 4학년생은 동맹휴학을 결의했다.

학교는 10월 3일부터 정학을 해제하고 5일부터 수업을 재개하였으나 2년생 2명과 3년생 2명을 강제퇴학시켰다. 학생들은 다시 10월 15일 2·3·4학년생 중심으로 동맹휴학 투쟁에 들어갔다. 학생들은 두 차례 맹휴투쟁을 계기로 대구 전지역으로 맹휴투쟁을 넓히고 전국으로 확산시킬 계획을 세우게 됐다. 위기를 느낀 학교는 경찰을 개입시켜 학생 계획을 좌절시켰다. 이 때문에 대구의 학생비밀결사 정체도 드러나 1928년 11월 대구학생 105명이 체포되고 29명이 검찰에 송치되는 수난을 겪었다. 또 1928년 11월 19일 신명여학교에서도 학내 문제로 동맹휴학 투쟁이 시작됐는데, 학교 당국은 학생 2명을 퇴학시키고 16명에게는 무기정학 조치를 내렸다. 학생 맹휴투쟁이 잇따르자 일부 학교에는 경찰을 상주시켜 학생운동을 탄압했다.

(2) 대구 청년운동과 조양회관

1919년 3월 1일 만세운동으로 대중의 활동과 민족운동은 분출됐다. 청년활동 분출 현상은 구락부(俱樂部·영어 club의 한문표기)와 수양회, 청년회(단) 등 다양한 이름의 단체결성으로 이어졌다.

1919년 말에서 1921년 사이에 전국에서 생겨난 청년단체가 500~600여 개에 이른다는 통계는 이를 말해준다. 대구경북도 마찬가지였다. 일제가 조사한 3·1 만세운동 이후 경북 24개 부(府)·군(郡)지역에서 설립된 청년단체와 연도별 청년단체 현황을 보면 알 수 있다. 3·1만세운동 이후 대구에서는 모두 28개의 청년단체가 결성되어 경북 24개 부·군에서 가장 많았고, 다음으로 안동과 예천이 각각 25개와 22개였다. 24개 부·군 전체는 292개였다.

또 연도별로는 1918년 이전까지 3개에 그쳤던 대구경북 청년단체는 1919년부터 해마다 명멸하면서 1928년에는 최고치인 150군데에 이르렀다가 1929년에는 145개로 줄어들었다. 1918년 이전부터 1928년까지 모두 940개의 청년단체가 활동한 것으로 파악된다. 3월 만세운동 이후 청년단체가 크게 활성화되었음을 알

수 있다. 청년단체 가운데 1920년 1월 설립된 대구청년회는 대구의 대표 사회단체이다. 청년들이 실력양성론을 바탕으로 민족운동에 나서 문맹타파와 근대지식 보급, 신학문과 신사상 전파, 산업장려 등의 활동을 펴자는 취지로 설립된 단체다. 대구청년회는 노동공제회 대구지회와 같은 다른 사회단체와 연대 및 견제도 하면서 활동했다.

특히 대구 청년운동에서 조양회관(朝陽會館)은 좋은 공간이었다. 대구청년의 민족계몽운동과 민중계몽을 위한 목적으로 서상일이 주도해 1922년 4월 1일 착공, 7개월만인 10월 30일 준공했다. 당시 건물은 달성공원 입구 옛 원화여고 자리에 대지 500평, 건평 138평의 2층짜리 적벽돌로 지어졌다. 바닥과 지붕틀을 위한 목재는 백두산에서 가져온 낙엽송을 사용한 것으로 알려졌다. 서상일이 땅을 내놓고 대구구락부 회원들이 금액을 분담하기로 했으나 일제 방해로 약속이 지키지지 않자 서상일은 43,080원 건축비까지 부담하기 위해 성주의 논과 대명동 못까지 내놓았다고 한다. 농촌사, 대구구락부, 동아일보 대구지국 등이 입주한 조양회관은 대구 청년활동의 구심역할을 했다. 각종 행사와 강좌개최 장소 등으로 활용됐다. 이육사도 조양회관에서 1920년대 이후 대구의 신문화운동과 청년운동을 벌였다.

[조양회관 개관과 일부 개최행사 내용 그리고 변천]

일자	내용(신문보도 등)
1922.10.30.	1922년 4월 착공한 조양회관, 43,080원 50전 경비 투입. 10월 완공
1923.07.	서상일의 동아일보 대구지국, 1940년 동아일보 폐간까지 운영
1925.	이육사 시인, 대구신문화운동과 청년운동 전개
1925.02.	대구여성청년회, 편물강습회(編物講習會) 개최
1925.06.28.	철성단 정기회 개최
1926.	조양동우회 결성
1927.07.	서상일, 대구농촌사 설립해 월간잡지 『농촌』 발행
1927.09.03.	신간회 대구지회 설립대회
1927.11.09	대구상공협회 설립 총회
1927.11.	대구여성청년회, 편물강습회(編物講習會) 개최
1928.02.25.	근우회 대구지회 설립대회
1928.07.12.	유치원연합 가극대회
1928.08.	조양회관 주최 하기(夏期) 대강좌 개최
1929.06.18.	대구전기료감하실현회 정기총회
1930.08.	조양회관 주최 하기 대강좌 개최
1930.12.	대구노동총회 개최
1931.08.	조양회관 주최 하기 대강좌 개최
1939.08.	조양회관에 일제의 대구병사부 사무실 개소
1940.08.	조양회관, 대구부립도서관으로 활용
1940.08	동아일보 폐간으로 조양회관 동아일보 대구지국 폐쇄
1955.	조양회관에 원화여교 개교

(3) 대구 노동운동

대구에는 일제의 경제침략과 함께 일본인 자본도 침투했다. 한일(韓日) 자본 가가 경영하는 많은 공장들도 들어서게 됐다. 1921년 당시 대구의 공장은 100여 개에 이르고 노동자도 3,000여 명이었다. 그 수는 계속 늘었고, 1926년에는 공장

200여 개에 노동자는 5,000여 명으로 증가했다. 노동자를 위한 단체 설립은 피할 수 없었다. 1920년 6월 조선노동공제회 대구지회가 설립된 배경이다. 노동공제회는 1920년 1월 설립된 대구청년회와 대구를 대표하는 사회단체가 됐다.

두 단체는 조직회원 구성도 겹치고 공통점이 많아 서로 연대하거나 견제하면서 활동을 펴며 대구사회에 기여했지만 갈등도 없지 않았다. 두 단체의 견제와 갈등의 우려 목소리가 나오면서 대구구락부(大邱俱樂部)라는 문화운동을 표방하는 단체가 등장하기도 했다.

조선노동공제회 대구지회는 노동야학 개설과 교육활동으로 대중의 계몽활동을 폈다. 소비조합도 만들고 노동단체 결성에도 나섰다. 또한 대구의 노동운동을 선도하면서 전국의 관심을 끌었다. 대구 출신 노동계 인사가 조선노동공제회 중앙본회 임원진에도 진출했는데 대구 출신 정운해와 이경희가 바로 그들이다. 경북 상주 출신 조용연과 조태연, 조성돈도 여기에 가세했다. 특히 정운해는 조선노동공제회 결성에 참여했고 이경희는 경성본회 대표자 61인의 한 사람이었다. 대구지회는 1923년 1월 28일 정기총회에서 단체 이름을 대구노동공제회로 개칭하고 운영제도도 바꾸었다. 집행위원회에 민족계열과 사회주의 진보계열도 포함시켜 다양성을 갖췄다. 대구노동공제회는 일제시기 노동운동 조직의 전환에 큰 역할을 한 것으로 평가된다. 1924년 4월 조선노동총동맹의 창립에도 대구노동공제회의 활동이 컸다. 이에 앞서 3월 대구에서는 남선노동동맹 창립 총회가 열렸고 본부를 대구에 두었는데 이를 바탕으로 조선노동총동맹이 설립됐기 때문이다.

특히 대구노동공제회는 농업문제에 큰 관심을 두었다. 1922년 4월 정기총회에서 농업문제를 다루고 소작인 문제를 위한 조사에 나섰고 1923년 2월에는 대

구노동공제회에 농민부를 설치했다. 3월 9일에는 농민대회를 열고 농민문제를
주요 활동방침으로 정했다. 또한 대구 인근 각 면을 맡을 위원도 선정하고 달성
군 11개면에 소작조합 결성을 추진해 7개면에 조합을 조직했다. 농민의 생존권
이 걸린 소작문제에 힘을 보태기 위해서였다. 대구노동공제회는 노동단체지만
농민권익을 위해 식민지주에 맞서 소작인 단결과 결속, 소작조건 개선 등을 당
면 실천과제로 삼았다. 그러나 성과는 크지 않아 1,800여 명 회원인 대구노동공
제회의 규모에 걸맞지 않은 아쉬움도 남겼다.

(4) 대구의 여성운동

대구에서는 1907년 국채보상운동으로 여성의 사회참여가 종전과 달라졌다.
다양한 계층의 여성들이 국채보상운동에 참여했다. 대구 3·8만세운동 당시에도
여학생들과 여성들의 참여가 이어졌다. 유학의 영향을 받은 보수성향의 대구이
지만 여성의 역할과 활동이 종전과 달라진 사실은 1920년대 대구의 여성단체와
여성운동에서도 나타난다. 1920년대 여성운동은 크게 여성들의 교육운동, 여성
들의 경제운동, 여권신장 및 여성해방운동의 세 가지 방면에서 진행이 됐고 독
립운동과도 무관할 수 없었다.

대구의 여성단체로는 1919년 9월 대한민국애국부인회가 서울에서 조직되면
서 이후 전국 15곳에 지부를 만들 때 출범한 대구지부를 들 수 있다. 대구지부는
관할지역이 넓어 대구경북을 비롯해 경남 거창·밀양·통영까지 담당했다. 경북
성주 출신의 유인경지부장은 독립운동에 앞장선 인물로 독립운동자금을 모아
임시정부에 전달하는 등의 활동으로 1920년 12월 대구복심법원의 징역 1년 선
고를 받아 대구감옥에서 김마리아, 황에스더(황애덕·황애시덕) 등 8명과 함께 옥살

이를 했던 인물이다.

　1921년 9월 출옥하자 당시 언론에서 출감소식을 보도하는 등 유인경은 대구에서 여성운동를 폈던 인물로 이름을 남겼다. 대구의 또다른 여성조직으로는 1923년 10월 출범한 대구여자청년회가 있다. 대구여자청년회는 대구여성 이춘수와 대구에서 태어나 서울에서 기녀생활을 했던 정칠성의 주도로 창립됐다. 이춘수와 정칠성은 1923년 여름에 결성되고 1924년 8월 24일 정오회로 이름을 바꾼 사상단체인 상미회에도 참여한 여성이다. 이춘수와 정칠성은 여자청년회의 집행위원으로 활동했고 특히 일본에서도 활동했던 정칠성은 1924년 5월 우리나라 최초의 사회주의 성격의 여성해방론을 주장한 조선여성동우회 결성에도 참여했다. 이어 정칠성은 근우회(槿友會)와 신간회가 결성될 때도 참여한 대구 출신 대표 여성운동가로 평가를 받고 있다.

대구여성단체로는, 1927년 5월 27일 서울에서 출범한 여성운동계의 통합단체인 근우회가 9월 경북 김천에 지회를 만드는 등 1929년까지 군위, 하양, 영주, 영천 등 전국에 지회를 조직할 때 대구에 만든 근우회 대구지회가 있다. 근우회는 여성의 단결, 여성 지위향상이 활동의 기본 방향이었는데, 사회주의 사상의 정칠성은 근우회 중앙집행위원으로 선출되었고 전국을 돌며 여성운동의 당위성을 연설했다. 정칠성은 근우회 대구지회 설립에도 참여했고 1928년 대구지회의 조양회관 강연회에 참석해 여성에 대한 강의도 했다. 정칠성은 또 1929년에는 근우회 중앙집행위원장에 선출됐고, 광주학생운동연루로 투옥됐으며 1930년에는 조선공산당사건으로 검거되기도 했다.

  ### (5) 대구 사회주의운동과 신간회 대구지회 활동

  일제강점기 때 대구경북에서는 사회주의 활동이 활발했다. 대구의 사상단체인 상미회(1924년 8월 24일 정오회로 변경)는 1923년 여름 처음 조직됐다. 중심인물에는 혜성단원이었던 이여성(이명건)을 비롯해 최원택, 이상훈, 신철수 등이었다. 상미회는 1923년 1월 일본 동경에서 결성된 사상단체 북성회(北星會)와도 관련이 있다. 북성회에는 대구 출신 마명과 왜관 출신인 이여성(이명건) 등이 참여하고 있었다. 게다가 북성회는 국내 진출을 위해 1923년 8월 5일 대구 만경관에서 강연회를 가졌다. 상미회는 대구노동공제회와도 연결이 됐다. 상미회에 참여한 이상훈, 최원택 등 4명이 1924년 1월 열린 대구노동공제회 정기총회에서 집행위원으로 선출됐다. 또한 대구노동공제회의 집행위원인 정운해는 일본 사상단체인 북성회가 1923년 대구 만경관에서 강연회를 가질 때 사회를 봤다. 일본 북성회와 대구 상미회 및 대구노동공제회는 대구 출신 인사들의 참여와 사상을 고리로 연결됐다. 물론 대구노동공제회는 민족주의 계열과 진보 계열의 공동 조직이었다.

대구경북에 사회주의 성격의 단체가 많았던 사실은 일제 통계자료에도 나타난다. 1927년 국내 사상단체 현황에 따르면 전국 84개 가운데 대구경북은 서울경기 30개에 이어 17개로 2위였다. 1927년 국내 사회주의 색채 단체 현황도 비슷했다. 사회주의 색채의 **노동단체는 경북에만 19개**가 있었고 **농민단체는 전국 57곳 가운데 경북 15곳, 청년단체는 전국 351곳 가운데 경북 77곳, 소년단체는 전국 39곳 가운데 경북 16곳**이었다.(대구는 별도 자료가 없으며 대구를 포함한 통계로 보인다)

한편 1920년대 전반기 일제강점기 독립운동은 사상면에서 **민족주의 계열의 민족운동, 사회주의 주도의 민족운동, 무정부주의 계통 민족운동**의 흐름으로 진행됐다. 대립과 배척, 갈등도 피할 수 없었는데, 1920년대 중반 이후 이를 해소하기 위한 노력은 1927년 2월 신간회 결성으로 이뤄졌으니 최초의 민족협동전선이었다. 1927년 2월 15일 서울에서 시작된 신간회 결성은 1931년 5월까지 전국에 120~150여 개의 지회를 가졌고 회원도 20,000~40,000명에 이르렀다. 대구경북에서도 총 24개 부·군 가운데 21곳에 설치됐다. 대구에서는 1927년 7월에 지회 준비위원회가 꾸려지고 9월 3일 마침내 조양회관에서 600여 명이 참가한 가운데 대구지회 설립대회가 열렸다. 지회 조직의 경우 민족주의 계열에서 지회장과 부회장을 맡았고, 사회주의 계열 인사들이 정치문화부와 조직부, 선전부 등의 실무를 맡았다. 신간회 대구지회는 신간회가 추구한 민족협동전선의 대표적인 모습을 갖췄다는 평가를 받았다.

신간회 대구지회는 정치·경제·노동·농민·교육·여성 등 사회 전반의 문제 개선을 요구하며 사회운동을 전개했다. 아울러 친일단체와 민족운동을 분열시키는 단체에 대한 규탄활동도 펼쳤다. 만주지역 한인 동포들의 무고한 피해에 대한 항의와 경북 농민들의 구제를 위한 활동도 이어갔다.

대구지회는 1928년 12월 28일 정기총회에서 토의할 사항으로 **조선인 착취기관의 철폐와 이민정책 반대운동 촉진, 타협적 정치운동 배제, 조선인에 대한 특수취급 법규 철폐, 조선인 본위 교육제도 실시, 학생의 수업용어 조선어 사용 등을 준비**했으나 일제 방해로 좌절되고 말았다. 일제는 이듬해 1928년부터 탄압에 들어가 1930년 1월부터 5월까지 집행위원장 등 핵심 간부들에 대한 검속과 석방을 반복했다. 그러다 1930년 8월 반제·반일 격문사건이 터지자 대구지회관을 압수수색했고 9월에는 지회 활동가를 구속하는 등 탄압을 멈추지 않았다. 신간회 대구지회는 1931년 5월 16일 활동을 멈추고 해산되고 말았다.

5) 이상화의 항일 활동

일제강점기 문화예술계 독립운동가인 이상화도 안동 출신 이육사처럼 비운의 짧은 삶을 살았던 민족시인이었다.

1901년 대구에서 태어난 이상화는 일제의 감시와 탄압, 옥살이를 하면서도 뛰어난 저항시를 남겼고 1943년에 만 42세로 세상을 떠난 비운의 독립운동가였다. 독립운동가 형인 이상정과 두 동생(이상백·이상오)을 둔 4형제의 둘째인 이상화는 민족주의 집안 출신이었다. 그의 후원자 역할을 했던 백부 이일우는 1907년 국채보상운동에 참여하였고, 많은 도서를 갖춘 우현서루를 운영하고 시무학당까지 열어 계몽운동을 펼친 인물이었다. 맏형 이상정도 개화문물을 앞서 접하고 독립운동에 투신했고, 이상화 또한 대구 3·8만세시위 참여 등으로 독립운동에 나섰다. 특히 이상화는 일본에 머물다 1923년 동경 일대 관동대지진 때 죄

없는 한국인들이 7,000여 명(또는 20,000여 명)이 학살된 참상을 겪고 귀국, 1926년 '빼앗긴 들에도 봄은 오는가'라는 시로 민족의 울분을 토했다. 또한 1927년에는 대구 출신 이종암 의열단원의 사건에 연루돼 구금됐고, 1928년 6월에는 비밀결사 'ㄱ당'의 독립운동자금 마련과 관련된 사건에 연루돼 고초를 겪었다.

이후 1936년에는 중국에서 독립운동을 하던 형 이상정을 만난 일로 1937년 구금됐고, 1939년에는 교사로 근무하던 교남학교(뒷날 대륜학교)의 교가 가사문제로 가택을 수색당했다. 일제탄압 속에서도 그는 1943년 4월 25일 위암으로 사망 때까지 변절하지 않았다.

6) 대구사람들의 군자금 모금 독립운동

1920년대 군자금 마련을 위한 대구사람들의 활동도 여럿 있었다. 1916년 9월 대구부호 대상의 군자금 마련 활동인 소위 대구권총사건에 연루돼 징역 10년형을 선고받은 김진만의 아들 김영우는 1895년 대구에서 태어났다. 그는 1919년 3월 만세운동 이후 중국과 국내를 오가며 활동을 벌이다 1920년 임시정부와 연계된 군자금 모금에 나서 권총과 탄환을 갖고 국내 잠입했다. 그러나 밀고로 1921년 4월 29일 경북경찰부에 붙잡혀 징역 3년형을 선고받았다.

아버지 김진만의 투옥 중에 붙잡혀 수감됐던 그는 출옥 뒤 대구의 사상단체인 정오회와 노동공제회에서 활동하다 1926년 7월 질병으로 불과 32세에 목숨을 잃었다. 아버지 김진만과 작은아버지 김진우 형제(兄弟) 독립운동에 이어 김진만-김영우 부자(父子)까지 독립운동에 투신했다. 김영우 아들인 1912년생 김일식도 1930년대 대구고등보통학교시절 학생운동에 참여해 김진만-김영우-김일식 3대(代)의 독립운동 집안이 됐다.

1928년 6월 13일과 6월 15일에 대구 인근 칠곡에서는 대구사람 손양윤(손백윤)과 충북 출신 신현규(신양춘)가 군자금 마련을 위한 활동을 벌이고 있었다. 13일에는 칠곡군 북삼면 오평동의 일본인집에 들어가 현금과 엽총을 빼앗았다. 15일에는 칠곡군 왜관면 매원리의 한국인 집에 들어가 현금을 받아냈다.

피신한 손양윤은 1927년 7월쯤 과거 군자금모집사건으로 옥중 인연을 맺은 수감자 4명을 동지로 포섭해 신현규 등과 함께 군자금 마련 활동을 이어가다 1928년 8월 모두 체포됐다.

1878년 대구 무태에서 태어난 손양윤은, 의병활동에 이어 1916년 대한광복회에 가입했다 붙잡혀 10년형을 선고받아 복역했다. 1924년 출옥한 손양윤은 대한광복회원으로 활동하다 1918년 붙잡혀 징역 1년을 선고받아 수감 중이던 1920년 7년형의 가중으로 옥살이하다 출감해 대구에 머물던 충북 괴산 출생(1888년)의 신현규와 손을 잡았던 인물이다.

또다른 대구 출신 김무열은 1928년 4월 11일 경기도 고양군 신도면 삼송리의 한 잡화점에서 권총으로 위협, 군자금 10원을 받아 나오다 주민이 소리치자 권총을 쏘고 중국으로 피신해 독립운동단체인 대공단(大公團)을 조직했다. 그는 권총과 실탄을 갖고 두만강 국경을 넘다 중국 경찰에 붙잡혀 서울로 압송돼 사형을 선고받아 서대문형무소에서 1929년 9월 13일 순국했다. 1887년(추정) 대구읍성 밖 서상동 출신인 그는 1910년대 교원생활 중 1920년 인천경찰서 순사로 근무하다 이탈, 1925년쯤 독립운동에 투신, 국내외에서 자금조달의 독립운동을 펼친 대구사람이다.

6

1930~1940년대
대구독립운동과 학생독립운동

6. 1930~1940년대 대구독립운동과 학생독립운동

1930년대는 일제가 중국 대륙진출을 위한 전쟁 국면으로 들어가는 시기였다. 1920년대 후반 대공황으로 열강은 시장 확보를 위한 경쟁에 나섰고, 일제 역시 일본-한국-만주를 잇는 시장경제권 형성을 노린 침략전 분위기에 빠졌다. 일제는 1931년 9월 18일 일본 소유 남만주철도 선로 폭파를 중국군 소행으로 날조한 유조구(柳條溝)사건을 일으켰고, 1932년 3월 1일 꼭두가시 만주국까지 세웠다. 이어 일제는 1937년 7월 중일전쟁, 1941년 12월 8일에는 미국 하와이 진주만 기습으로 2차대전에 뛰어들었다.

한국은 일제의 후방 병참기지로 전락하고 물자와 인력의 침탈 희생물이 됐다. 내선(內鮮)일체라는 구실로 민족문화말살과 신사참배, 한국말 사용금지, 창씨개명 등 탄압은 가중됐다. 한국인 강제 징용과 징병이 실시되고, 한국여성의 위안부 동원 등 반인륜, 반인권, 반문명의 1930~1940년대였다. 대구에서는 대구사범학교를 비롯한 각급 학교 비밀결사로 저항했고 학생 희생도 피할 수 없었다.

1) 1930년대 학생운동

일제는 한국인의 교육 목표를 일본의 신민화(臣民化)에 두고 충량(忠良)한 신민(臣民) 양성에 나섰다. 이를 위한 초등교원 양성을 목적으로 총독부는 1922년 경성사범학교에 이어 1929년 대구와 평양에도 사범학교를 세웠다. 대구와 평양사범학교는 그러나 경성사범학교의 보통과 6년제와 달리 심상과 5년제였다. 특히 대구사범학교는 학생 비밀활동이 빈번했고, 학생운동도 학교 설립 이후 선후배로 대(代)를 이었다. 대구에서는 대구고등보통학교, 농림학교, 상업학교에서도 학생운동은 계속돼 대구의 학생운동의 맥은 끊기지 않았다. 대구학생들의 저항에는 학교 당국과 일본인 교사의 한국인 학생 차별과 모욕 등도 한몫했다.

(1) 대구사범학교 학생 항일투쟁

대구사범학교 정원이 100명이라 각지의 인재가 몰렸다. 학생들의 높은 민족의식과 남다른 민족애의 자각, 의식있는 한국인 교사의 가르침과 민족역사 교육은 학생들에게 영향을 줄 수밖에 없었다. 학생들은 졸업 뒤 부임지에서도 저항을 이어갔으니 독립운동의 전파자 역할도 했다. 선후배 만남을 통한 식민지 한국인의 처지에 대한 자각은 비밀결사로 이어졌고 대구사범학교의 독서회사건과 왜관사건은 그 사례다.

① 독서회 사건

대구사범학교의 항일 투쟁은 설립 다음해인 1930년부터 시작됐다. 학교 설립 때부터 근무한 한국어 및 영어 담당 교사 현준혁은 민족독립을 위해 한국 역사를 가르쳤다. 학생들은 1930년 10월 사회과학연구회를 만들어 비밀 독서회 활동을 폈다. 처음 1기생으로 시작된 모임 회원은 2, 3기생으로 확대됐다. 이런 까닭에 학생들은 1931년 7월 경부선 철도로 출동하는 일본 군대를 위한 대구역 환송 자리에서 만세도 부르지 않고 일장기도 흔들지 않고 침묵으로 저항했다. 이런 가르침은 현준혁의 뒤에 부임한 김영기 교사도 이어감으로써 학생모임은 계속 됐다. 김영기 교사는 1932년 4월부터 1941년 8월 검거 때까지 9년 4개월 동안 한국어와 한문을 가르치며 학생들은 지도했다. 학생들은 기숙사를 활동 공간으로 활용했고 민요집을 만들 때는 밤에 불을 끄고 새벽 4시까지 등사작업 끝에 완성하기도 했다.

1931년 11월 하순 사회과학연구회 독서활동이 발각됐는데, 일제는 이를 적색비사(赤色秘社)사건 즉 적색비밀결사사건이라 불렀다. 대구사범학교 제1차 독서회사건으로 알려진 학생 항일운동으로 현준혁 교사와 1기생 회원 27명 전원이 구속됐다. 1932년 12월 2일 판결에서 현준혁은 징역 3년, 집행유예 5년, 나머지는 징역 2년에 집행유예 4년을 각각 선고받았다. 또 사건에 연루된 1기생 27명, 2기생 10명, 3기생 3명은 퇴학처분을 받았다. 1기생 27명 외에 1기생 12명도 중도 퇴학을 당해 1929년 전체 1기생 총 93명 가운데 39명이 퇴학됐으니 1기생의 절반 가까이 희생됐다.

1차 독서회사건 뒤 1932년 5월의 제2차 독서회사건은 통상의 독서활동을 사건화하면서 학생 희생자만 냈다. 1차 독서회사건을 겪은 경찰은 일상의 독서회까지 수사하는 바람에 3학년생 10여 명이 퇴학 조치됐다. 사범학교 독서회 뿌리를 뽑겠다는 속셈이었다. 당시 형사들은 "현준혁이라는 놈이 뿌린 씨앗 무섭군! 이번에야말로 뿌리채 뽑아버리겠다"고 할 만큼 사범학생들을 경계했다.

② 왜관사건

일제는 1937년 중일전쟁을 일으키고 한국 학생들을 노동현장으로 강제동원
했다. 학교마다 생긴 근로보국대라는 이름 아래 학생들을 중노동에 투입했다.
일제는 1939년 7월 26일 경부선 철도 복선화 공사를 하면서 대구사범학교 학생
들에게 왜관철교에서 약목까지 작업량을 할당하고 강제로 동원했다. 그런데 학
교에서처럼 작업현장에서도 일본인 교사의 한국학생 차별이 여전하자 학생들은
폭발했다. 불공평한 작업량 배정에다 일본인 교사가 한일 학생 간에 빚어진 충
돌에 일본 학생의 잘못에도 한국 학생만 꾸짖고 모욕하자 학생들이 교사 구타로
분노를 대신했다. 그러자 학무 당국과 경찰, 강경교사까지 가세했고 학교장은
학생 7명을 퇴학시키고 11명은 정학처분했다. 학생들은 8월이 되자 작업 동원 9
기생 권쾌복 등 20여 명을 중심으로 왜관사건 대책과 행동 통일 등을 논의하고
비밀결사 백의단(白衣團)을 꾸렸다. 학교의 감시와 탄압으로 활동은 못했지만 민
족의식을 일깨우는 역할을 했다.

(2) 대구고등보통학교 학생운동

1929년 11월 3일 광주학생운동 이후 경찰은 대구 학생동향 파악과 감시를 강
화했다. 대구고등보통학교에서 한글에 관심 많은 한순 등 학생들이 1929년 10월
한글연구회라는 비밀모임을 만든 사실이 발각돼 12월 해산됐다. 학생들은 1930
년 5월 다시 언문연구회를 조직하려 했지만 학교로부터 활동 금지조치를 당했
다. 학생들은 그해 11월에 백망회(白望會)라는 다른 비밀결사 조직을 감행했다.
한글연구회로 체포됐다 석방된 강인만 등이 사회주의 이념을 바탕으로 한 학생
운동을 벌이기 위해서였다. 대구고보 학생 가운데 한순과 김일식(김진만의 손자이

자 김영우의 아들) 등은 대구와 서울의 다른 학교 학생들과 연대를 통한 비밀결사 활동을 펼쳤다. 1931년 6월쯤 대구의 계성학교 염필수와 교남학교 백춘갑, 서울 휘문학교 곽수범 등과 연계한 사회과학연구회 조직이 그런 사례이다. 이들은 1920년 학생운동과 일본 유학 경험을 공유한 인물로 일본 좌익 노동운동 자료를 윤독하며 독립운동 방침과 활동 방향을 모색했다. 사회과학연구회 회원들은 또 대구지역 사회운동 세력과도 연대했다.

1931년 7월 대구에서 열린 대구학생대표자회의에서 대구고보를 대표해 김일식 등이 대구상업학교 비밀결사인 프롤레타리아과학연구소 조선 제1호지국 이동우, 교남학교 백춘갑, 계성학교 재학생 조홍기 등이 연대를 추진했다.

사회과학연구회는 1931년 8월 신간회 대구지회간부 이치용과 연계해 대구학생운동과 노동조합운동의 통일기관으로 지도전위조직준비위원회를 결성했다. 준비위원회는 1931년 11월 조선공산주의자협의회 경북조직과 결합했다. 이처럼 대구고보 학생들의 비밀결사인 사회과학연구회는 대구 사회운동세력과의 연대로 점차 커지게 됐다. 그러나 이들 연대는 1931년 12월 4일 대구상업학교 프로조선지국이 살포한 일제 타도와 일제 침략전쟁 반대 등의 내용이 담긴 격문이 발각되면서 좌절됐다. 또 이들 조직과 관련된 학생들이 대거 붙잡혀 비밀결사는 와해됐다. 이 과정에서 대구여자고등보통학교 이소향(李小香)과 안귀남(安貴南) 등 4명의 여학생도 포함된 것으로 나타나 여학생 비밀결사 최초 참여 사례로 관심을 끌었다.

(3) 대구농림학교와 대구상업학교 학생운동

① **대구농림학교 학생운동**

대구농림학교 학생들은 1929년 광주학생운동 발발 다음날인 11월 4일 동조
활동에 들어갔다. 그러나 학교 감시에 전교생이 나서지 못하고 일부 학생들 중
심으로 행동을 시작해 대구에서는 광주학생운동과 관련한 첫 동조 시위가 됐다.
대구농림학생들의 시위 이후 대구에서는 1930년 1월 12일 대구고등보통학교 학
생들이 인근 학교들과 연합시위를 계획하다 발각됐고 1월 18일에도 대구고보,
대구여자고보, 계성학교, 대구상업학교 학생들의 연합시위 계획이 드러나는 등
10여 차례 학생시위가 추진됐다.

이후 대구농림학교 학생들은 1930년 10월 10일 동맹휴학을 실시하고 학교에
한국인 학생 차별과 부당대우 시정을 요구했다. 이날 맹휴는 학생들이 일본인
교사의 평소 한국인 경시 발언에 반발, 수업을 거부하면서 시작됐다. 학생들은
교내시위에 이어 학교 밖으로 나가 행진한 뒤 귀가했다. 학교는 주동 인물인 임
학과 손대룡 등 7명을 퇴학처분했다. 대구농림학교에서는 또 1933년 반전 비밀
단체인 적색학생돌격대가 결성돼 활동했고, 전국의 반전반일 운동 검거선풍 때
학생 27명이 붙잡혔다.

② **대구상업학교 학생운동**

1923년 개교한 대구상업학교는 민족차별로 학교갈등과 분규가 이어졌다.
1929년 광주학생운동 이후 1930년 1월 시위를 계획했으나 사전에 발각돼 좌절
됐다. 6월에는 학생들이 한국인 차별 일본인 교사 파면과 차별대우 시정 등을 요
구하며 농성했다. 또한 학생들은 1930년 비밀결사를 조직해 사회문제에 대한 관

심을 나타냈는데, 일본인 학생과 함께 한 사실이 특이하다.

학생 이동우와 서오룡 등은 일본인 학생 사사키 등과 함께 프롤레타리아과학연구소 조선 제1호지국이라는 비밀결사를 결성했다. 사회주의 연구와 보급을 목적으로 모인 이들은 우선 학교의 민족차별에 맞섰다. 이들은 기관지도 2회까지 내고 일제에 반대하는 반전반제 선동의 글을 주로 실었다. 하지만 1931년 12월 4일 '반제동맹'의 이름으로 대구주둔 일본군 보병 제80연대와 대구고등보통학교 등 학교에 뿌린 반전 격문사건으로 조직은 무너졌다.

대구상업학교의 프롤레타리아과학연구소 조선제1호지국은 물론, 대구고등보통학교의 사회과학연구회, 대구사범학교의 사회과학연구회 등 소위 3대 대구학생운동 조직이 모두 발각됐다. 일제는 여기에 반전격문사건을 더해서 '대구4대비사(大邱四大秘事)'라 불렀다.

이후 대구상업학교에서는 1937년 중일전쟁 발발과 함께 학생운동이 되살아났다. 1920년대 대구의 사회주의자로 사회운동을 펼친 정운해의 아들 정문택은 중일전쟁을 한국 독립의 기회로 보고 항일운동을 계획했다. 1937년 9월 이후 동기생들에게 민족의식을 고취하면서 비밀결사 조직결성 활동을 펼쳤으나 1938년 일제 경찰에 검거되면서 무산되고 말았다.

2) 현진건의 일장기 말살사건

1936년 8월 9일(한국 시간 10일) 독일 베를린에서 열린 제11회 올림픽대회 마라톤 1위 우승자는 한국 출신 손기정 선수였다. 그가 세운 2시간 29분 19초는 세계 신기록이었다. 함께 출전한 남승룡 선수는 3위를 기록했다. 나라 잃은 한국인에게 이런 소식은 낭보였다. 그러나 그의 시상소식을 전한 1936년 8월 13일자 『동아일보』의 손기정 인물 사진에는 일본의 국기인 일장기가 없었다. 누군가 일장기를 지운 것이다. 소위 일장기 말소사건이다. 손기정 우승은 『동아일보』, 『조선일보』, 『조선중앙일보』의 3대 경쟁신문이 앞다퉈 실었다. 그런데 13일 『동아일보』의 일장기 없는 사진을 그냥 넘겼던 일제는 25일자에도 일장기 없는 사진이 실리자 조사를 벌여 8월 27일부터 무기정간 조치를 내렸다. 같은 사진을 실은 『조선중앙일보』은 자진 휴간했다.

이와 관련해 『동아일보』의 대구 출신 현진건 사회부장을 비롯한 8명이 40여 일 구속됐다. 또 현진건은 대구의 만세시위 때 결성된 비밀결사인 혜성단 출신 이여성(이명건) 조사부장과 함께 9월 25일자로 퇴사했다. 일제가 '당국에 의해서 부적당하다고 인정되는 간부와 사원, 그리고 사건 책임자를 면직시켜 다시 같은 회사 내의 직무에 종사하지 못하게' 하는 등 6개 요구조건을 제시한 때문이다. 1927년 10월 5일 입사해 퇴사 때까지 명(名)사회부장이란 평가를 받았던 현진건은 이 사건으로 『동아일보』 생활을 정리했다.

그러나 현진건과 『동아일보』의 인연은 1933년 12월 20일부터 1934년 6월 17일까지 민족주의 색채의 소설 『적도(赤道)』의 연재로 다시 이어졌다. 이 작품은 독립 운동을 하다 투옥된 형 현정건이 1932년 6월 10일 출감한 뒤 후유증으로 1933년 1월 1일 46세로 순국하자, 2월 11일 형수(윤덕경)마저 순사(殉死)하는 비운의 삶에 영향을 받아 쓴 것으로 보인다. 독립운동가 현정건 동생이자 소설가인 현진건은 44세(1900~1943)의 짧은 삶이었지만, 독립운동가 이상정 동생인 대구 출신 단명(短命) 시인 이상화(1901~1943)와 함께 독립운동가이자 변절하지 않은 문인(文人)으로 이름을 남겼다.

3) 1940년대 대구 학생운동과 독립운동

일제가 항복을 앞두고 광분하던 1940년대 대구의 독립운동은 의열투쟁의 모습과 학생 비밀결사의 양상으로 나타났다. 패망을 앞두고 폭압하는 일제에 맞서면서 독립의 희망을 품고 광복 순간까지 멈추지 않았던 독립운동과 학생운동은 엄청난 피의 희생을 요구했던 만큼 더욱 값질 수밖에 없었다.

(1) 대구사범학교 비밀결사

대구사범학교의 1940년대 비밀결사는 **문예부, 연구회, 다혁당(茶革黨), 무우원(無憂園)**으로 이어졌다. 학생들은 1939년 왜관사건 이후 뒷날 교단에 서서 어린이들에게 한국의 얼을 심어주기 위한 열망을 갖고 비밀결사를 꾸리고 활동에 들어갔다. 비밀엄수 등 행동규칙과 실천과제까지 정했다. 학생들은 1938년부터 기수별로 운영하던 윤독회를 바탕으로 활동하면서 모은 원고를 편집, 1940년 1월 『반딧불』이라는 비밀 책자를 펴내고 독립운동 전개와 실력양성 등을 위해 그해 11월 23일 문예부를 결성했다. 문예부는 역사와 문화 연구 활동을 모은 잡지 『학생』도 펴냈다.

[대구사범학교 비밀결사]

단체명	결성연월일	구성원	회원수
문예부(文藝部)	1940.11.23	8·9·10기생	11명
무우원(無憂園)	1940.12.1	특설강습과	4명에서 출발
연구회(研究會)	1941.1.23	8기생 중심	14명
다혁당(茶革黨)	1941.2.15	9기생 중심	18명

문예부가 출범한 1년 뒤 이태길 등 문예부 참여 학생 일부는 1941년 1월 독립에 대비한 실력을 기르기 위한 비밀 모임인 연구회를 만들었다. 당시 교과목을

중심으로 교육부를 비롯한 14개의 부(部)로 나눠 책임자를 두고 매월 각자 맡은 분야의 연구발표 등 노력을 기울였다. 활동기간이 1개월에 그쳐 성과를 거두지 못했지만 졸업 뒤 교사로 학생들의 민족의식을 높이는 교육활동을 이어갈 수 있었다.

대구사범학교 학생들은 왜관사건 이후 만든 비밀조직 백의단이 유명무실하자 1941년 2월 중순 다혁당을 조직했다. 민족의식 함양과 문화예술운동 등 각 분야별 실력양성을 통한 독립을 목적으로 한 다혁당은 백의단 단원과 문예부 부원들이 중심이었다. 학생들은 일제 패망과 독립에 대비해 유능한 학생을 기르자는데 있었다. 공휴일이나 일요일 대구 앞산 등지에서 군사훈련을 실시하기도 했다.

그러나 다혁당은 1941년 7월 발각됐다. 졸업생 정현이 충남 홍성에서 수업을 하다 집에 있던 『반딧불』이 압수되면서 300여 명이 붙잡혔다. 또 문예부, 연구회, 다혁당 등 3개 비밀결사에 활동한 학생 가운데 35명이 1943년 12월 예심에 넘겨졌고 1943년 2월 8일 예심이 끝나고 재판에 회부됐다. 35명 중 1명(고인옥)은 무혐의로 면소되고 예심 중 2명(박제민·박찬웅)은 미결상태에서 순국하고 나머지 32명은 재판에서 징역 5년(4명), 징역 2년 6월~3년형(28명)을 받았다. 그런데 이들 32명 가운데 징역 2년 6월을 선고받은 3명(강두안·서진구·장세파)은 옥중 순국했다. 이들 5명의 순국자는 고문과 영양실조 때문이었다.

대구사범학교 비밀결사 가운데 무우원은 불교 성격의 단체로 1940년 12월 1일 결성됐는데 단체 이름은 승려 출신으로 모임을 주도한 조형길의 제안으로 정해졌다. 일제 식민지배의 압제에서 벗어나 근심 걱정이 없는 낙원을 건설한다는 뜻이다. 조형길 등 4명은 무우원을 결성하고 약칭 M이라 하고 총무, 경제, 과학,

선전, 종교, 문예, 후생 등 7개 부서를 두고 책임자를 정했다. 이들은 내선일체와 동조동근의 허구성을 알리고 지원병과 공출, 징용 등의 거부를 투쟁목표로 삼았다. 이들은 일본에서는 물론, 졸업해서도 조직을 강화했지만 1943년 6월 조직원의 밀고로 발각됐다. 회원 18명이 붙잡히고 핵심 5명을 제외한 13명은 6개월 이내 풀려났다. 그러나 동경지부장인 최수원은 대구경찰서 유치장에서 고문으로 숨졌고 조형길은 1945년 6월, 광복을 불과 2개월 앞두고 옥중 순국했다.

[반딧불 사건 관련자 35명]

구분	인원	명단
대구사범학교 8기	14명	박효준(朴孝濬·경북 의성), 이태길(李泰吉·경남 함안), 강두안(姜斗安·전북 태인), 박찬웅(朴贊雄·전북 금산), 임병찬(林炳讚·경남 밀양), 안진강(安津江·경북 김천), 장세파(張世播·경북 대구), 김영필(金榮苾·경남 밀양), 이무영(李茂榮·경북 의성), 최낙철(崔洛哲·전북 무주), 오용수(吳龍洙·충북 영동), 박제민(朴濟敏·경남 울산), 양명복(梁命福·경남 통영), 정현(鄭鉉·충남 홍성)
대구사범학교 9기	18명	유흥수(柳興洙·충남 서산), 문홍의(文洪義·경남 사천), 이동우(李東雨·경북 경주), 박호준(朴祜雋·경북 예천), 조강제(趙崗濟·경남 함안), 권쾌복(權快福·경북 칠곡), 배학보(裵鶴甫·경북 성주), 최영백(崔榮百·경북 청도), 이종악(李鍾岳·경북 청도), 서진구(徐鎭九·경북 문경), 이홍빈(李洪彬·전남 강진), 이주호(李柱鎬·경북 영일), 김효식(金孝植·경북 영주), 김성권(金聖權·경북 대구), 이도혁(李道赫·경북 성주), 문덕길(文德吉·경남 창녕), 최태석(崔泰碩·경북 청도), 고인옥(高麟玉·경북 군위)
대구사범학교 10기	1명	김근배(金根培·강원 홍천)
기타	2명	김영기(金永驥·대구사범학교 교사), 곽재관(郭在寬·대구 출신 유학생)

[무우원 관련자 선고 형량]

이름	선고형량	비고	이름	선고형량	비고
최수원(崔壽源)	유치장 순국	대구경찰서	조형길(趙亨吉)	징역 5년	1945년 6월 순국
김병욱(金炳旭)	징역 3년6월		현명만(玄泳晩)	징역 3년	
강증룡(姜曾龍)	징역 1년6월	*전체 18명 연루자 중 5명 뺀 13명은 6개월 이내 석방			

(2) 대구상업학교 태극단과 대구농림학교 앨범결사

1930년대 비밀결사로 탄압받은 대구상업학교 학생들은 감시 속에 일제의 1941년 진주만기습공격 이후 학생운동 재개를 준비했다. 3년생 이상호는 1942년 5월 비밀결사 결성 준비에 나섰다. 이상호는 그해 6월 경북중학교에 다니던 동생 이상룡과 최두환, 대구상업학교 후배 김종우와 이태원, 대구직업학교 유삼룡 등을 규합했다. 학교의 차별로 승급마저 좌절된 이상호를 비롯해 학생들은 비밀결사 태극단을 결성하고 영어 첫 글자를 따서 T.K.D라고 했고 독립투쟁을 위한 강령을 제정하고 단체를 꾸려갈 조직도 갖췄다. 비밀단체 성격상 일반 조직과 특수 조직으로 나누고 두 조직의 책임자를 단장이라 불렀다.

태극단은 1942년 5월 9일 달성군 용연사 뒤편 비슬산 약수터에서 부서 책임자를 선정하고 투쟁 방침을 정했다. 태극단장은 이상호가 맡았고, 육성부라는 총괄기구를 두었다. 또 일반조직으로 관방국과 체육국, 과학국을 설치하고 산하에 군사, 무도, 경기, 등산, 씨름, 항공, 박물, 이화 등 8개부를 갖췄다. 특수 조직으로는 건아대라 하여 준단원과 1, 2학년 소학생을 대상으로 삼았다. 이러한 태극단 조직에서 단원의 정신과 체력단련을 총괄하는 육성부와 기획·법안·규약 등 담당의 조직 중요기관으로 관방국을 둔 것이 특이하다. 태극단은 각 학교 단위로 지부를 두고 전국 학교와 지역별 조직을 갖추고 독립운동을 벌인다는 계획도 세운 것으로 알려졌다.

태극단은 1943년 5월 말 결성식을 준비하던 중 단원의 밀고로 발각됐다. 1943년 5월 23일 이상호 단장이 먼저 체포되고 그의 가택 수색에서 발견된 단원 명단에 의해 5월 25일에는 학생 9명이 붙잡혔다. 나머지 15명도 검거되면서 모두 26명이 체포됐다. 16명은 6월 20일쯤 풀려나고 10명은 혹독한 고문에 시달렸으며 과학국장을 맡았던 이준윤은 급성늑막염으로 병보석 출옥한 뒤 3일만인 10월 2일 순국했다. 이상호를 비롯한 6명이 기소되고 모두 중형을 선고받고 각각 인천소년형무소(서상교, 김상길, 이원현, 윤삼룡)와 김천소년형무소(이상호, 김정진)에 분산 수감됐다. 이원현은 1945년 3월 30일 늑막염으로 병보석이 됐으나 6월 14일 순국했다. 이상호도 1945년 2월 늑막염으로 병보석 출옥해 광복되던 그해 12월 9일 생을 마치고 말았다.

한편 대구농림학교에서는 1941년 3월쯤 김용대 등 한국인 학생 약 18명이 친목을 가장한 비밀결사인 앨범그룹을 결성했다. 친목도모를 내세웠으나 민족문제와 전시상황, 시사문제, 해외 독립지사 등에 대한 정보를 주고 받은 비밀결사 성격이었다. 그러나 결성 직후 학교 담당 고등경찰에 발각되면서 학교에 알려졌지만 처벌은 없었다. 그러나 이후 1942년 경찰은 사건을 재조사해 경북 선산 출신의 박세철 등 10여 명을 체포해 투옥한 것으로 알려졌다.

[태극단 조직 구성 명단]

조직	책임자	조직	책임자	조직	책임자	조직	책임자
단장	이상호	관방국장	김상길	육성부감	이상호	체육국장	이상호
비서관	김정진	부관	이태원	회계	김정진	무도부장	서상교
군사부장	김상길	경기부장	이태원	등산부장	서상교	씨름부장	서상교
항공부장	최두환	박물부장	미정	이화부장	미정	체육위원	윤삼룡
과학국장	이준윤	그 밖의 정단원 : 정광해 정완진					

[태극단 선고 형량]

이름	학년	검사구형	판사선고	이름	학년	검사구형	판사선고
이상호 (李相虎)	4년	단기 5년 이상 장기 10년	단기 5년 이상 장기 10년	김정진 (金正鎭)	5년	단기 1년 이상 장기 3년	단기 2년 이상 장기 3년
서상교 (徐商敎)	4년	단기 4년 이상 장기 7년	단기 5년 이상 장기 7년	이원현 (李元鉉)	4년	"	"
김상길 (金相吉)	4년	단기 4년 이상 장기7 년	"	윤삼룡 (尹三龍)	2년	"	"

(3) 징병 반대 투쟁과 신사참배 투쟁

일제는 전쟁 후반기에 이르자 1943년 8월 한국인 청년들에게도 징병제를 실시하고 1944년 1월에는 학병제를 구실로 재학 중인 한국인 학생까지 전쟁터로 동원했다. 한국 학생들의 반발과 저항은 피할 수 없었고 대구에서도 일제 징병에 대한 투쟁은 펼쳐졌다. 또한 군사시설에 대한 파괴나 일본 신사를 없애려는 시도도 나타나는 등 일제강점 말기까지 독립투쟁은 계속됐다.

① 대구 학병탈출 의거

일본군(조선군) 제20사단 제80연대 즉 대구24부대는 1942년 12월 26일 편성됐다. 1944년 8월 8일 이곳에서 전쟁터로 끌려갈 한국인 징병 청년 6명이 탈출하는 사건이 일어났다. 한밤중 하수구를 통해 일본군을 탈출한 대구학병탈출의거이다. 대구에서 일어난 징병 탈출의 대표 사례이다.

학병제 실시로 1944년 1월 20일 학생 600여 명이 대구에 도착, 대구24부대에 입영한 이들은 곧 중국 북부지역의 전쟁터로 끌려갔다. 3대대 3중대 소속 27명만 부대에 남게 됐다. 27명의 징병 한국인 학도병 속에는 대구 출신으로 항일 활동 때문에 징역 1년 집행유예 2년을 선고받은 문한우와 계성학교 출신으로 학생 시절 경찰 주목을 받았던 김이현도 포함됐다. 잔류 학도병들은 1944년 봄이나 6월부터 탈출을 모의했다. 문한우와 김이현은 경북 영천 출신의 권태용 등 동지를 포섭하여 탈출을 논의하고 부대파괴 계획까지 했다. 27명이 힘을 모아 군부대 일본병사 6,000여 명을 몰살시키자는 계획이었다. 탄약고를 폭파해 무기를 빼내고 음식에 독극물을 넣어 일본군을 죽이고 군부대도 파괴하자는 목표였다. 27명 전원의 찬동이 있었지만 기밀누설 조짐과 사정으로 계획을 바꿔 만주 탈출로 방향을 틀었다.

27명 잔류 학도병 가운데 탈출에 합류한 6명은 병영을 벗어나 8월 12일 모여 군경의 추격을 피해 2인 1조로 팔공산을 떠나기로 했다. 40일 넘게 군병력 6,000여 명이 추격하는 가운데 김이현-김복현조는 붙잡히지 않았고 나머지 2개조 4명은 체포돼 헌병대를 거쳐 12월 8일 군사재판을 받았다. 이들 4명은 각각 징역 4~5년을 선고받아 일본 큐슈 고꾸라(小倉) 육군형무소에 수감됐다 광복으로 석방돼 1945년 10월 22일 대구에 도착했다.

② 대구 군사시설 파괴 투쟁

1920년대 의열투쟁 사례는 이후 뜸했는데 1931년 11월 19일과 12월 2일 경북 청도와 김천에서 일어난 군용열차 전복 기도사건은 대구경북의 의열투쟁의 맥을 이은 항일 투쟁으로 평가된다. 일제 말기 대구에서 일어난 두 사건도 의열투쟁 성격으로 볼 수 있다. 즉 1943년 7월 14일 대구주둔 일본군 부대 탄약고 폭파 계획과 1944년 3월의 대구 동촌비행장 폭파 시도이다.

일본 유학생 박기수는 오사카부립공과대학에 재학 중 1939년 동포 학생들과 비밀결사를 만들어 활동하다 경찰에 붙잡혔으나 탈출해 중국으로 건너가 임시정부의 지령을 받았다. 박기수와는 다른 과정을 거쳐 임시정부의 임무를 받은 경산 출신 박만선도 1942년 9월 국내로 잠입했다. 두 사람은 대구에서 영천 출신 이영환 등 청년 5명과 비밀결사를 조직했다. 그리고 박기수가 먼저 1943년 7월 14일 대구주둔 일본군 부대 탄약고 폭파를 기도했다. 그러나 동지를 가장한 헌병보의 밀고로 헌병대에 붙잡히고 말았다. 박기수 등 5명은 징역 4~7년형을 선고받아 복역하다 광복을 맞았다.

대구 동촌비행장 폭파 계획도 있었다. 1944년 3월 초 밀입국한 영천 출신 임시정부특파원 정원흥은 영천유지 정도영을 만나 거사를 협의했다. 비행장 폭파 계획은 후방 교란은 물론 일제 군사력의 분산효과도 노린 것이었다. 그러나 이 거사도 밀고로 실패했다. 정원흥은 3월 27일 붙잡혀 4월 8일 대구지방법원의 약식명령으로 징역 8월을 선고받아 만기복역으로 풀려났지만 혹독한 수감생활로 출감 7일만인 1944년 12월 15일 숨을 거두고 말았다.

③ 대구 신사 파괴활동

일제는 1910년 강제병합 이전인 1906년 대구 달성공원에 황조대신요배전을 세우고 일왕에 대한 요배처로 삼았고 1914년 4월 달성공원 내 대구신사(神社)의 낙성식을 거행했다. 1916년에는 대구신사 창립허가를 받았고, 1921년 3월 대구 신사를 확대 개축하기 위해 대구신사조영봉사회를 만들고 한국인에게도 강제 모금을 했다. 신사가 있는 달성공원은 일본인들이 신성시하는 곳이었다.

이런 신사의 파괴나 방화 계획이 대구에서 추진됐다. 대구계성학교 학생 15 명이 혈서로 조국광복을 위한 투쟁을 서약하고 결성한 결사대를 통해 신사를 불 태울 계획이었다. 결사대장 김영도는 임시정부의 밀파요원인 박윤경과 만나 항 일 유인물과 전단을 제작, 전국 주요 도시에 뿌리기 위한 행동대원 포섭에 나섰 다. 또 1943년 7월 대구신사를 태우겠다는 계획을 세웠지만 그해 12월, 발각됐 다. 김영도는 단기 1년 6월, 장기 3년 징역형을 받았고 이들의 대구신사 소각항 거 계획은 좌절됐다.

이에 앞서 영천사람 김영길도 1942년 이영환과 박기수 등과 비밀결사를 만들 고 1943년 4월 동지 10여 명과 함께 영천신사에 불을 질렀으나 순찰하던 일본 경찰의 조기진화로 실패했다. 김영길은 이후 대구신사도 불태우려 했으나 실패 하자 그뒤 대구 관공서 태극기 게양과 일본군 대구24부대 병기고 폭파계획 등을 추진했고, 징역 4년형으로 복역하다 광복으로 출감했다. 달성공원 신사는 1946 년 8월 8일 내부시설 등 일부가, 1966년 8월에는 주요 건물도 철거돼 사라졌다.

④ 대구 단파방송 청취 비밀결사

일제 패망 이전 국내에서는 일제의 규제와 단속에도 단파방송을 통해 해외 전쟁 소식이나 독립운동에 대한 정보를 얻는 일이 있었다. 대구에서도 1944년 12월쯤 임인광과 김기현 등 10여 명이 미국방송을 통해 일본 패망을 짐작하고 건국준비를 위해 활동을 모색하다 체포됐는데 소위 원대동사건이다. 서울과 평양 등에서는 1942년 말부터 1943년 초까지 단파방송 청취사건으로 관련자들이 붙잡혀 고초를 겪었다.

원대동사건은 1944년 초부터 경북도청 관리였던 홍철수를 중심으로 임인광, 김기현, 권영택, 박윤은 등이 중국 중경 임시정부와 미국 샌프란시스코에서 보내는『소리』한국어 방송을 들으면서 시작됐다. 안동에서 1944년 10월 말쯤 결성된 안동농림학교 비밀결사 조선독립회복연구단원들도 이 방송을 듣고 해외 정보를 파악했다.

대구에서는 미나카이백화점에서 라디오를 판매하던 권영택이 단파방송을 듣고 내용을 이야기했다. 권영택 등은 박윤은의 원대동 대구금융사 사무실에서 향후 독립과 건국 준비를 위한 비밀결사 결성의 뜻을 모았다. 이들은 일제가 전시동원을 위해 전국 학교별로 만든 청년단의 원대·비산·노곡·조야·산격동 지역단장들과 연대하고 원대결사대를 만들어 홍철수를 대장으로 삼는 한편 일제 패망 때는 경찰 무기고 습격 계획도 논의했다.

이들의 단파방송청취 사실은 1944년 3월 한국인 고등계형사로 악명을 날리던 서영출에 의해 발각된 것으로 알려졌다. 10여 명의 관련자들은 체포된 뒤 1년만인 1945년 3월 구류취소처분을 받고 석방되었다. 제자까지 고문해 투옥시킨 서영출은 독립운동가에 대한 고문과 탄압 공로를 인정받아 1944년 경부로 승진해 대구경찰서에서 근무하다 이들을 적발, 취조한 것으로 알려졌다.

(4) 조선어학회 이인 변호사와 건국동맹 참여 대구사람

① 조선어학회 이인 변호사의 독립운동

일제는 민족문화말살 정책으로 우리말 사용까지 금지하고 우리말을 지키려는 연구단체도 독립운동단체로 보고 탄압했다.

1942년 발생한 조선어학회사건은 그 대표 사례로, 평소 조선어학회를 지원했던 대구 출신 이인 변호사는 탄압의 대상이었다. 대구 출신 애국지사 이시영의 조카인 이인은 사상 독립운동가의 변론을 도맡은 일로 사상변호사, 좌경변호사로 불리며 일제가 경계하던 인물이었다.

1942년 10월 함경남도 경찰부가 조작했던 조선어학회사건은 함흥의 영생고등여학교의 여학생 일기 속에 나오는 문구를 문제로 삼아 경찰이 이를 키운 사건이다. 경찰은 조선어학회 관계자를 고문하고 '조선어학회는 독립운동을 목적으로 조직된 단체'라고 날조해 최현배, 이희승, 이극로 등 한글학자와 회원, 이인 변호사 등 12명을 1945년 1월 16일 재판에 넘겼다. 재판 결과 이극로가 징역 6년, 최현배 징역 4년, 이희승 징역 3년 6월 등을 받았고 이인 변호사는 징역 2년에 집행유예 4년을 선고받았다.

이인 변호사는 1942년 11월 10일 체포돼 1년 11개월의 옥살이를 했다. 이인 변호사는 '긍인(兢人)' 허헌 변호사와 '가인(佳人)' 김병로 변호사와 함께 소위 '3인'으로 불리며 사회주의자와 공산주의 등 사상관련 변론을 도맡아 일제의 탄압 대상이었다. 허헌 변호사가 변호사 자격을 박탈당하고, 김병로 변호사도 정직 6개월의 탄압을 받았듯이 이인 변호사 역시 과거 정직 6개월의 징계를 받았지만 그의 독립운동가 변론과 사상관련 변호는 변하지 않았다.

이상화   이상정   서상일   김진만

현정건   이시영   서상한   김영우

현진건   이인   이두산   김일식

    이인 변호사는 1924년 대구 출신 최윤동 등이 관련된 제2 경북중대사건의 변론에도 나섰다. 1928년 대구 학생 105명이 검거돼 29명이 재판에 넘겨진 대구학생사건 때도 김병로와 함께 대구 한인변호사들의 변론에 참여했다. 이인 변호사는 해마다 80~90건의 독립운동관련 사건의 무료변론을 하면서 대략 1,500여 건, 10,000여 명의 독립운동 관련 피고인을 담당한 것으로 알려졌다.

② 건국동맹 참여 대구사람

일제 패망 직전 국내에서는 독립 이후를 준비하는 비밀결사인 건국동맹이 1944년 8월 여운형의 주도로 결성됐다. 대구 출신으로는 이여성(이명건)과 김세용, 이상백(독립운동가인 대구의 이상정·이상화 동생), 이상훈, 정운해, 김관제 등이 간부나 경북을 대표하는 책임위원으로 참여했다. 건국동맹은 국외 독립운동단체와도 연대를 추진하였고, 관공서 방화와 파괴 계획, 철도 파괴 구상 등을 하였다. 후방을 교란할 목적의 군사위원회를 조직했는데 대구 출신 최원택이 위원으로 활동하였다. 1945년 7월 일제가 유력 한국인의 예비검속을 강화하면서 건국동맹 간부들이 붙잡힐 때 대구에서도 정운해와 김관제가 구금됐다. 김세용과 이여성, 이상백은 건국동맹의 재편 때 간부로 활동했다. 건국동맹은 조직을 다시 정비하는 과정에서 광복을 맞으면서 큰 성과를 거두지는 못했지만 치안유지 등의 활동을 벌이게 되는 건국준비위원회의 바탕이 됐다.

7

대구사람들의 해외 독립운동

7. 대구사람들의 해외 독립운동

독립운동의 무대는 나라 안과 밖이 따로 없었고 해외 독립운동도 활발했다. 해외 독립운동기지 가운데 중국은 더욱 적합했고 만주가 으뜸이었고, 상해와 북경을 주요 무대로 한 관내(關內·만리장성 안쪽)지역과 러시아 블라디보스톡을 비롯한 연해주도 활동 공간이었다. 물론 일본과 미국 대륙도 빼놓을 수 없는 해외 독립운동 무대였다. 광복 때까지 해외로 흩어진 한국인은 약 5,000,000명으로, 절반은 광복으로 귀국을 한 반면 나머지는 돌아오지 못했다. 이들 해외 독립운동은 상해에 출범한 통합 대한민국 임시정부를 구심체로 하여 펼쳐졌다. 임시정부가 여러 곳을 옮겨다니는 어려움 속에도 변함없이 지원하고 독립운동에 기여한 대구사람이 많았다.

1) 중국 대륙의 독립운동

(1) 만주지역 대구사람의 독립운동

1919년 만세운동 이후 종전 만주에서는 안동 출신 이상룡이 지도자가 되어 이끌던 군정서가 서로군정서라는 이름으로 새로 출발했는데, 대구사람들은 여기에 참여하고 있었다. 대구 출신 서영균과 달성 출신의 송정득, 경북 고령의 문상직 등이었다. 서로군정서는 국내외 일제관공서 습격과 파괴 활동을 펴고 있었으며 이와 관련하여 1920년 경북지역 관공서 폭파 계획이 수립될 때 문상직과 서영균, 송정득 등이 참여했다. 이를 위해 1919년 9월 18일 대구에 도착한 문상직이 서영균과 송정득 등과 협의해 폭탄을 제조하려다 체포되면서 계획은 실패했다. 일제가 지칭한 암살음모단사건으로 서영균과 송정득은 1920년 6월 4일 대구지방법원 예심에서 면소돼 풀려났다. 또 1924년 11월 24일 결성된 남만주지역 정의부에도 대구 출신인 양규열과 김의선, 이병구가 중앙집행부 행정집행위원으로 활약했다. 이에 앞서 1924년 8월 길림에서 결성된 한족노동당이 1928년 2월 재만농민동맹으로 재편될 때에는 달성 출신의 이일심이 참여해 활동했다. 이밖에도 중국 동북3성의 만주지역에는 신흥무관학교와 의열단, 조선공산당 만주총국 등 독립운동단체나 기관에서 활동했다.

[동북3성지역 활동 대구사람들]

이름	생몰연대	이명	단체	직책
배천택	1892(?)~미상	배병현	신흥무관학교.서로군정서.정의부	간부
서상락	1893~1923	서영림	신흥무관학교.의열단	졸업생.발기인
이종암	1896~1935	양건호	신흥무관학교.의열단	졸업생.발기인
이덕생	1900~1939	이상일	서로군정서.의열단	단원
현정건	1887~1932	현승건	조공만주총국(상해파).의열단	간부
이일심	미상		재만농민동맹	간부
최원택	1895~1973		조공만주총국	조직부장.책임비서
최춘택	1905~미상		조공만주총국.취원창소학교	당원.교원
최중호	미상		조공만주총국(화요파)	위원
양규열	미상		정의부	재무분과 위원

김의선	미상			정의부	총관
이병구	미상			정의부	행정집행위원
송두환	1892~1969			조선의열단	간부
최윤동	1896~미상	최해광.최진		서로군정서.조선의열단	간부
문상직	1892~미상	문백		신흥무관학교	졸업생
이시영	1888~1922			흥업단	단원

(2) 관내지역 대구사람의 독립운동

중국에서 관내(關內)지역은 보통 산해관(山海關·하북성의 발해만에 면해 있으며 만리장성의 동쪽에 위치한 관문으로 교통 군사상의 요지)을 시작점으로 펼쳐지는 만리장성의 안쪽을 말한다. 독립운동가들에게는 관내지역 가운데서도 북경과 상해가 주요 활동무대였다. 이들 지역에는 다양한 상해 임시정부를 비롯한 독립운동기관과 단체가 결성됐고 대구경북사람들도 이들 지역에서 많은 활동을 폈다.

① 임시정부와 임시의정원의 대구사람

1919년 상해 임시정부와 임시의정원에는 대구 경북지역 사람들도 참여했다. 대구사람으로서는 백남채의 동생 백남규와 소설가 현진건의 형인 현정건, 이경희의 동생으로 'ㄱ당'을 결성하는 등 대구에서 활동한 이강희, 신공제, 이범교 등이 있다. 이범교는 여성독립운동가인 이희경의 큰오빠로 대구계성학교를 나와 의사가 되어 대구에서 개업해 3·8만세운동 참여로 일제의 추적을 받자 상해로 망명, 임시정부에서 교통부 위원 등으로 활동했다. 대구사람들의 임시정부와 임시의정원 활동처럼 대구사람들은 대구경북에서 자금지원에도 나섰는데 달성 출신 문영박을 비롯해 송두환의 군자금모금 사례 등이 있다.

② 임시정부 국민대표회의의 대구사람

임시정부는 출범 이후 이승만 대통령의 위임통치청원과 독립운동방법(독립전쟁론·외교독립론·준비론) 등을 둘러싼 갈등으로 침체기를 맞기도 하는데 이를 해결하기 위해 1921년 국민대표회의 소집이 논의됐다. 그리고 1923년 1월부터 5월까지 국내외 국민대표 130여 명이 모여 국민대표회의가 열렸다. 여기에서는 좌우세력이 집결돼 해법 마련을 위한 논의에 들어갔으나 창조파, 개조파, 고수파 등으로 의견이 나뉘면서 결실을 거두지 못했다. 특히 이 과정에서 이승만 대통령 탄핵안이 통과되어 1925년 3월 대통령이 면직되는 일이 일어났다. 국민대표회의에 참여한 대구사람으로는 배천택과 현정건이 있는데, 대구경북사람들은 대체로 기존 임시정부를 유지하며 개선하자는 개조파의 입장을 보였던 것으로 알려지고 있다.

③ 임시정부 외곽단체의 대구사람

상해에는 많은 망명 한국인이 몰리면서 임시정부 수립 이전부터 신한청년당과 같은 독립운동단체가 생겨나기 시작했다. 임시정부 수립 이후에는 더 많은 단체들이 등장하면서 임시정부와 관계를 맺었다. 안창호의 흥사단 원동지부와 무장독립운동을 목표로 하는 구국모험단, 대구사람 이종암이 부단장인 의열단, 좌익 성격의 상해청년동맹, 임시정부 권위수호 등을 위한 병인의용대 등 다양한 성격의 독립운동단체들이 임시정부 주변에서 활동한 단체들로 평가된다. 이들 가운데 사회주의 사상으로 민족문제 해결 도모에 나선 상해청년동맹에는 청년들의 높은 관심으로 회원수가 200명을 넘기도 했는데, 1924~1925년 상해에서 가장 강력한 단체로 부상했다. 여기에는 대구사람인 현정건과 이상도가 참여했는데, 현정건은 임시의정원과 임시정부 국민대표회의에서도 활동한 인물이다. 또 병인의용대에는 달성사람으로 대구에서 망명한 이현수(이두산)가 참여한 것으로 알려지고 있다.

④ 민족유일당운동의 대구사람

1917년 러시아혁명은 독립운동에도 영향을 끼쳤다. 사회주의 사상 유입으로 독립운동은 우파 민족주의 계열과 좌파 사회주의 계열로 분리되고 좌우의 대립과 갈등, 경쟁도 생겼다. 1927년 국내에서는 좌우합작운동이 펼쳐지는데, 이에 앞서 1926년 순종 황제 장례를 계기로 일어난 6·10만세운동은 사실상 첫 번째 좌우합작 항일투쟁으로 평가된다.

중국에서는 1925년 유일당운동이 시작됐는데 1926년 10월 북경에서 안창호의 주도로 본격화되었으며 1927년 중국 관내는 물론 만주지역으로도 확산됐다. 이런 좌우합작을 위한 유일당운동에는 대구 출신인 배천택과 현정건이 참여했다. 배천택은 서로군정서와 북경군사통일회, 임시정부 국민대표회의를 거치면서 주로 북경에서 활동했는데, 1925년 4월 다물단에도 참여해 친일파 처단활동을 벌였다. 물론 1929년 10월 상해의 한국유일독립당 상해촉성회가 해체되면서 실패로 끝났지만 배천택은 민족유일당운동 과정에서 집행위원과 상무위원을 맡는 등 북경을 대표하는 인물이었다.

⑤ 한국독립당의 대구사람

중국 관내와 만주에서 펼쳐졌던 민족유일당운동이 1920년대 후반 중단된 이후 임시정부는 정당 중심의 독립운동의 필요성을 인식하고 정당 창당 작업에 나섰다. 그래서 임시정부 내 우파 인물을 중심으로 1930년 1월 한국독립당을 결성하게 됐다. 이는 우리 역사에 처음으로 정당이 나라를 운영하는 체제를 갖춘 형태였다. 물론 야당 없는 여당 유일 체제라는 한계를 갖고 출발했다. 한국독립당 창당 과정에서 대구사람으로는 신공제가 발기인으로 참여했다. 신공제는 임시정부가 발간한 『독립신문』에서 독립공채를 모집하는 활동을 벌였고, 임시의정원 의원으로 활약했다. 1935년에는 민족혁명당에도 몸 담았다가 다시 조선혁명당 창당에도 참여했고 임시정부의 항주, 진강 이동시기에도 함께 했다. 대구출신 김종구는 1931년 5~6월 상해에서 조직된 한인유학생회와 한국독립당에 가입해 활동했다.

⑥ 이동 임시정부의 대구사람

상해 임시정부는 1932년 4월 한인애국단 소속 청년 윤봉길의 상해 폭탄투척 의거로 일제의 극심한 탄압에 시달렸다. 임시정부는 1932년 5월 상해를 떠나 항주로 임시터를 잡았다. 다시 남경 부근인 진강으로 떠났고, 1937년 중일전쟁에 따른 일제의 남경 함락으로 임시정부는 8년의 이동(장정)시절을 보내고 모두 10여 곳을 떠돌다 1940년 중경에 정착했다. 임시정부의 이동처럼 독립운동세력에는 많은 변화가 생겼다. 정당도 이합집산 끝에 1935년 11월 김구의 한국국민당이 임시정부를 이끌었다. 1935년 7월에는 의열단장이었던 김원봉과 한국독립군 출신 이청천 등이 주도한 조선민족혁명당(민족혁명당)을 만들었다. 임시정부를 둘러싼 양당 구도가 형성됐다.

임시정부 이동시기에 활동한 대구사람으로는 이정호(이두산의 장남)가 조선민족혁명당에서, 이상화의 형 이상정은 조선민족혁명당과 관내 좌파세력의 연합체인 조선민족전선연맹에서 활동했다. 이정호와 이상정은 1942년 10월 임시의 정원 경상도의원으로도 활약했다. 이정호는 1943년 4월 임시정부 국무회의에서 선전부의 15인 선전위원으로 활동했다. 대구사람 신공제도 임시의정원 의원으로 독립운동세력 통합에 관심을 기울였다. 1938년 10월 조선민족전선연맹의 무장조직으로 결성된 조선의용대에는 대구 출신 이두산(이현수)과 이대성이 참여했다. 이대성은 중국 국민당 장개석 정부가 운영하던 중국중앙육군군관학교 성자분교 출신으로 민족혁명당에 가입했고 조선의용대 제1지대와 화북지대 소속으로 활동했다. 이두산은 1925년 중국 망명 이후 민족혁명당과 조선의용대 기관지 편집위원회 주임, 중경 임시정부 법무부차장 등을 역임했다.

⑦ 중경 임시정부 및 한국광복군의 대구사람

중경에 자리를 잡은 임시정부는 1940년 9월 한국광복군을 창설하고 김구 지휘 아래 총사령관에 지청천, 참모장 이범석 등으로 지휘부를 구성했다. 옛 대한제국의 군대를 잇고 임시정부의 국군이 된 한국광복군은 일제가 1941년 12월 8일 미국 하와이 진주만을 기습하고 전쟁을 선포하자 12월 10일 일본에 선전포고를 했다. 임시정부 국군인 한국광복군에서 활동한 대구경북 사람은 약 80여 명으로 추정되는데 전체 광복군의 약 10% 정도이다. 한국광복군 3지대 소속 대구 출신 이헌일은 남경에 이어 서주지구에서 초모공작을 벌이다 일제에 붙잡혔다가 탈출했고, 오학선은 미군 조종사 구출활동을 폈다. 또 이경도, 이정호, 장언조, 정대윤, 정일수 등도 대구사람으로 한국광복군에서 활약했다.

⑧ 현정건과 이상정의 독립운동

㉠ 현정건의 독립운동

상해에서 현정건의 활동은 두드러진다. 1910년 결혼한 뒤 그해 상해로 건너가 줄곧 머물며 독립운동에 투신했다. 현정건은 1919년 2월 상해에서 밀입국했다 경찰에 붙잡혀 3월 중순 석방돼 7월 탈출, 상해로 돌아왔다. 그는 임시정부 수립 이후 경상도 대표로 선출돼 임시의정원 의원으로 활동했다. 그는 사회주의 계열 단체와도 관련을 맺고 1920년 고려공산당에 가담했으며 1921년에는 고려공산당의 상해파로 역할을 맡았으며 국한문 주간지 『화요보(火曜報)』 주필로 사회주의 사상전파와 보급에 노력하는 등 상해 사회주의 운동의 주요 인물이 됐다. 그는 사회주의에 관심을 두었으나 민족 우선의 독립운동에 초점을 두고 대한민국 임시정부 내 계파간의 통합과 조정에 노력을 기울인 인물로 평가받았다. 그는 또 1924년 상해에서 결성된 청년동맹회의 11명 집행위원에 선출되는 등 이 단체의 주요 지도자로 활동을 벌였다. 앞서 1923년 국민대표회의 소집 당시, 임시정부를 둘러싸고 창조파와 개조파로 나눠 대립할 때 개조파에 속한 그는 임시정부 개조를 위해 독립당대표회의 소집을 주장했다.

임시정부 개조노력과 함께 현정건은 중국으로 오는 한국 학생들의 적응과 상급학교 진학을 돕기 위한 활동도 벌였다. 인성학교에 설치된 예비교(예비강습소)에서 김규식, 여운형 등과 함께 영어를 맡아 가르쳤다. 현정건은 민족통일전선운동이 1926년 이후부터 민족유일당 조직 운동으로 이어지는데 동참해 1927년 4월 한국유일독립당 상해촉성회, 9월 한국독립당 관내(關內) 촉성회연합회의 집행위원을 맡아 활약하면서 주도적인 역할을 했다. 현정건은 그러나 1928년 3월 일본 영사관 경찰의 수색에 붙잡혀 국내로 압송돼 1928년 1심과 1929년 2심 재판을 거쳐 4년 3개월의 만기 옥살이 끝에 1932년 6월 10일 석방됐으나 후유증으로 1932년 12월 30일 40세로 생을 마쳤다.

ⓒ 이상정의 독립운동

대구에서 태어난 이상정의 독립운동은 1925년 중국 망명 전후로 나뉜다. 이상정은 큰아버지 이일우가 운영하던 우현서루에 다니며 신구 학문을 수학했고, 일본 유학에서 역사학, 미술, 상업, 군사학을 수학하고 1917년 전후 귀국해 대구 계성학교, 대구 신명여학교, 경성 경신학교, 평북 정주 오산학교, 평양 광성고보에서 교원으로 학생들을 가르쳤다. 결혼하여 자녀를 둔 그는 국내에 머물다 1919년 만세운동을 겪었고 1922년에는 잡지 『개벽』에 시조를 발표했다. 1925년에는 용진단이란 사회주의 성격의 비밀단체 위원장을 맡았다. 1925년 4월 용진단 사건으로 고초를 겪은 뒤 1925년 중국 망명에 나선 것으로 보인다.

이상정의 해외 활동 무대는 중국 동북지방과 몽골 등 여러 곳이었으며 1926년 하북성 장가구에서 기독장군으로 알려진 풍옥상 부대를 따라 이동하며 활동했다. 이상정은 유동열 부부 등이 참가한 가운데 풍옥상 부대의 항공대에 근무하던 권기옥을 만나 결혼했다. 이상정과 권기옥 부부는 의열단에도 참여한 것으로 알려지고 있다. 이들 부부는 1928년 공산당 혐의로 남경 일본영사관에 넘겨져 구금생활을 하기도 했다. 동생 이상화는 1937년 3월경 중국에서 이들 부부를 만나 3개월 정도 머물다 귀국해 경찰조사로 고초를 겪기도 했다. 이상정은 중국 광동정부에서 항공대 통역생활과 국민당 정부의 사단 훈련처 책임자, 남창항공협진회 위원, 중국 국민정부 중경시절 임관과 육군참모학교 교관, 화중군사령부 막료도 겸직했다. 이처럼 이상정은 독립운동을 하면서 중국의 군부 및 중국 정부에서도 다양한 활동을 했다. 임시정부에서도 임시의정원, 부인 권기옥과 임시정부 내 공군관련 업무 담당, 임시정부 외무부 외교연구위원 등의 역할을 맡아 수행했다.

2) 일본과 미주지역 독립운동

대구사람들의 해외 독립운동은 일본과 미국 대륙에서도 이어졌다. 일본은 살길을 찾아 고국을 떠난 가난한 한인 노동자들이 하층 신분으로 저임금과 신분차별, 인권탄압 속에 힘겹게 살아가는 생존의 현장이었다. 미국 대륙의 한국인 정착 역사도 노동이주로 시작됐으니 열악한 노동환경에 처한 이주민들과 함께 독립운동은 이뤄졌다.

(1) 일본의 대구사람 독립운동

살길을 찾아 나선 한국 노동자와 유학 등으로 식민지 고국을 떠난 한국 젊은이가 일본에서 부딪치는 상황이 어렵고 힘들기는 마찬가지였다. 모임을 만들고 서로 연대하거나 연합이 절실했다. 노동차단체나 유학생단체가 결성되고 연결하여 연대를 모색하는 일은 자연스러웠다. 이는 일본 내 한인사회의 현상이었다.

1912년 10월 28일 동경에서 유학생들은 동경조선인유학생회를 결성하고 친목을 도모했다. 대구 출신의 마현의와 최익준, 경북 선산 출신 이우석 등이 간부로 참여한 유학생회는 기관지로 『학지광』을 발간해 학생들의 독립정신을 고취했다. 또 동경노동동지회와 노동동지회는 1917년 한국인 노동자와 유학생들이 연대해 결성했다. 동경노동동지회에는 대구사람인 서상한이 참여하고 있었다. 서상한이 참여한 동경노동동지회는 1920년 1월 25일 조선고학생동우회로 전환

을 하고 노동동지회도 여기에 합류했다. 서상한은 이런 연대활동을 하면서 1920
년 일본 왕실 여성과 옛 대한제국 세자 이은 영친왕과의 정략결혼을 막기 위한
거사를 준비했다. 한국인의 밀고로 거사 전 발각돼 실패했지만 뒷날 일본에서
일어난 1921년 양근환의거, 1923년 박열의거, 1924년 김지섭의거에 앞선 의로운
활동이었다. 대구사람 서동성도 1923년 10월 예정된 일본 왕자의 결혼식 때 폭
탄을 투척하기 위해 설립된 불령사에 참여했다. 일왕폭살 계획 실행 전인 1923
년 9월 1일 관동대지진 발생으로 계획이 발각되어 무산됐지만 일본에서 한국 젊
은이, 특히 대구사람의 독립운동은 이어졌다.

일본에서 결성된 사회주의 성격의 비밀결사에도 대구사람이 참여했다. 1923
년 1월 공산주의 단체인 북성회가 결성될 때 대구사람 백무와 대구에서 활동한

이여성(혜성단 이명건)도 활동했다. 백무와 이여성은 당시 분산된 한국인 각 노동
단체의 통합에 나서 1925년 1월 18일 일본조선노동총연맹창립준비위원회를 열
고 2월 22일 창립대회를 개최하는 등 노동운동에도 참여했다. 대구사람 안종식
은 1940년 3월 동경에서 안병익 등과 죽마계를 만들어 독립운동에 나섰고1941
년 8월 체포돼 1943년 3월 징역 3년형을 선고받아 옥살이를 하다 1945년 4월 25
일 순국했다. 또 대구사람 곽재관은 일본 유학 중 1939년부터 독서회를 만들어
활동했고 서상태는 1943년 11월 4일 토바타중학 재학 중 동지를 규합하고 흥맹
회를 조직, 활동하다 붙잡혔다. 달성 출신의 김말도는 1941년 6월경부터 일본 교
토에서 한국인 동지들을 규합하여 항일 민족운동을 전개하다 붙잡혔고 달성 출
신인 성창환도 1939년 2월 야마구치고교 재학 중 독립운동을 결의하고 조선어

폐지와 창씨개명, 지원병제도 반대 투쟁을 벌이다 붙잡혔다. 심재윤은 1927년 일본 와세다대학에 다니며 동경조선노동조합 서부지부에 가입, 1928년 3월 재일본 조선노동총동맹 동경노동조합 집행위원에 선임되는 등 노동조합 단체 활동 등을 벌이다 1929년 1월 경찰에 체포됐고 정학이 역시 달성 출신으로 1933년 9월쯤부터 오사카에서 교포 인권보호를 위한 단체를 만들어 활동하다 체포돼 오사카형무소에서 수감 중 옥사해 순국했다.

(2) 미국의 대구사람 독립운동

미주지역 대구사람들의 독립운동 활동 사례에는 먼저 대구 출신 이희경과 송종익이 있다. 대구 신명여학교를 제1회로 졸업한 이희경은 대구 3월 만세운동에도 참가한 의사 독립운동가인 이범교의 여동생으로, 18세에 '사진신부'로 하와이에 건너가 1912년 10월 경북 영양 출신 권도인과 결혼했고, 하와이 정착 이후 본명인 이금례를 이희경으로 바꿨다. 오빠(이범교)와 형부(조기홍)도 독립운동가인 이희경이 1919년 9월쯤부터 이듬해 9월쯤까지 1년 정도 한국을 방문한데 이어 1935년 말부터 1936년 사이에도 조국을 찾았다. 남편 권도인과 하와이 한인사회에서 활동한 이희경은 영남부인회(뒷날 영남부인실업동맹회)와 대한부인구제회에서 호항(하와이 호놀룰루의 한자 표기)지방 법무 겸 중앙부 사교원으로 활동했고 1944년 재미한족연합위원회 의사부의 조직강화와 독립운동 확대에 노력했다.

대구 출신의 송종익은 1910년 5월 전 미주지역 한인사회를 통합한 조직인 대한인국민회가 결성된 뒤 중앙총회에서 활동했다. 북미지역 한국인 인구조사와 관련, 중앙총회 의사원이던 경북 출신인 김성권이 등록총부 총위원에 임명될 때 송종익은 제2구역(로스앤젤레스)을 맡기도 했다. 특히 송종익은 1908년 3월 23일

장인환과 전명운이 미국 샌프란시스코에서 일제의 앞잡이 미국인 스티븐슨을 처단하자 스티븐슨 사살 의거의 정당성을 주장하는 글을 언론에 발표했다. 1908년 4월 1일자 『공립신보』는 '지사 송종익씨가 상항크로니클신문에 기서한 전문'이라며 '일본은 자유의 적이오 수지분(須知分)은 공리의 적이라'는 제목의 글을 소개했다.

"이 세상에 제일 좋은 것이 무엇이뇨 자유며 제일 편안한 것이 무엇이뇨 자유며 제일 즐거운 것이 무엇이뇨 자유며 이 세상에 제일 아픈 것이 무엇이뇨 자유 없는 것이며 제일 불쌍한 것이 무엇이뇨 자유 없는 것이며 제일 슬픈 것이 무엇이뇨 자유 없는 것이라 해서 사람이 말하기를 자유 못하면 차라리 죽는 것이 편안하다 하였으니…이제 미국이 좋은 기회를 타 옳은 군사로 일본의 죄를 성토하면 미국 장래의 화를 예방할 뿐 아니라 우리 한국의 행보이니 미국 당국자는 이 말을 금일 미국**의 공담으로 알고 허용하심을 바라노라 공언생 송종익"

송종익은 이에 앞서 1908년 3월 25일자 『공립신보』에도 글을 싣고 두 의사에 대한 미주 한인들의 관심을 촉구했다. 또 그는 두 의사가 체포된 미주 한인들을 중심으로 1908년 3월 23일 저녁에 개최된 한인공동회에서 임시회장 백일규와 함께 임시 서기로 선출됐다. 한인공동회는 두 의사의 재판 후원과 법정 소송 비용을 충당하기 위한 모금운동을 벌였다. 스티븐슨 처단 의거는 민족독립을 위한 의열투쟁의 효시인데다 미주 한국인의 단결과 독립운동 전개에 원동력이 됐기 때문이었다. 1908년 3월에 시작된 모금운동은 그해 9월까지 이뤄졌는데 모금된 의연금은 모두 6,065달러였다.

송종익은 또 미주의 한국인 단체인 대한인국민회가 시작한 재정모금활동에도 참여해 219달러 50센트를 냈다. 대한인국민회는 1918년 11월 24일에서 1919년 12월 15일까지 제1차 모금에 이어 1920년 6월말까지 의연금을 모았다. 1차 의연금은 87,355달러 84센트, 2차 의연금은 20,436달러 77센트여서 총액은 107,792달러 61센트에 이르렀다. 여기에는 재미 중국인 의연금 10,214달러 37센트도 포함됐다. 1919년 3·1만세운동과 한국의 항일독립 활동에 대한 동정에 따른 것으로 추정됐다.

송종익은 또한 1941년 4월 20일부터 29까지 하와이 호놀룰루에서 미주지역 9개 단체 대표가 모인 가운데 열린 해외한족대회에 북미 대한인국민회의 대표로 한시대, 김호와 함께 참가했다. 당시 경북 출신으로 영양이 고향인 권도인은 조선의용대미주후원연합회 대표자로 참석했다. 한민족대회는 미주 독립운동사에서 의미있는 결론을 도출했다. 미주 한국인 사회가 대한민국 임시정부 깃발 아래 통일됐고 각종 의연금을 '독립금'으로 통합해 수합했다. 미주 한국인 사회를 새로 통합할 최대 독립운동 연합기관인 재미한족연합위원회 설립도 이뤄졌다.

이와 함께 대구 출신의 김치일, 안득준, 김종학의 활동도 있었다. 김치일은 1909년~1912년 멕시코 메리다주에서 공립협회(共立協會) 회원, 1919년 5월~1920년 3월 대한인국민회 메리다지방회 구제원, 1922년~1925년 11월 쿠바 마탄사스 지방회 회장, 1926년 11월 칼데나지방회 회장 등으로 활동했다.

안득준(안민진)은 1906년 10월 한인공립협회 샌프란시스코지방회원, 1909년 1월 공립협회 솔트레이크지회 사찰(査察), 1910년 네브라스카에서의 한인소년병

학교 생도 활동, 1917년경부터 대한인국민회 북미지방총회 활동 등으로 독립운동에 참여했다.

달성 출신 김종학도 1910년 하와이 오아후 목골리아지방회 대의원, 1911년 ~1915년 대한인국민회 하와이지방총회 회장과 부회장, 재무, 하와이 한인청년회 이사부 임원, 1921년 대한인국민회 의무금 수봉위원 등과 국민대표대회 대표원 등으로 활동했다.

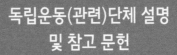

독립운동(관련)단체 설명
및 참고 문헌

독립운동(관련)단체 설명

구분	단체 이름	설명
1	(풍기)광복단	1913년 12월 경상북도 풍기에서 채기중 등이 조직한 항일 비밀결사의 독립운동단체로 풍기광복단이라 지칭하기도 함
2	ㄱ당(黨)	대구 달성공원에서 1928년 5월 결성된 비밀결사의 독립운동단체로 신간회 대구지회 간사인 노차용과 민족시인 이상화 등이 활동
3	강유원간친회	대구에서 서상일 등이 독립운동을 위해 친목 등의 명목을 앞세워 1913년 결성한 단체로 청년지식층을 규합하여 조직됨
4	개진협회	1898년 12월 4일 대구의 공립소학교 학생들이 스스로 만든, 학문토론과 계몽모임으로 서상락이 회장을 맡음
5	건국동맹	일제 패망 직전 광복을 앞두고 여운형을 중심으로 1944년 8월 10일 조직된 비밀 독립운동결사로 대구출신 이상백 등이 참여함
6	고려공산당	중국 상해에서 나라를 되찾기 위해 공산주의 이념 아래 1919년과 1921년에 각각 조직된 상해와 연해주의 독립운동 단체
7	공립협회	미국 샌프란시스코에서 안창호 등을 중심으로 독립운동과 상호부조 등의 목적을 위해 1905년 4월 5일 설립된 단체
8	광복단결사대	1918년 대한광복회 조직이 사실상 와해되면서 한훈 등 검거되지 않은 광복회원 중심으로 결성된 비밀 독립운동단체
9	교남교육회	서울에서 활동하던 경상도 출신 인사들이 영남(경상도)지역의 교육 진흥을 위해 1908년 3월 결성한 단체
10	교육부인회 (여자교육회)	1909년 대구에서 김화수(독립운동가 이상정·이상화의 어머니) 등 100여 명의 대구 여성들이 교육 등을 위해 결성한 계몽단체
11	구국모험단	1919년 6월 중국 상해에서 출범한 독립운동단체로 임시정부를 지원하고 무장 항일투쟁 활동을 위해 조직됨
12	구화회(丘火會)	1927년 11월 대구고등보통학교 학생들이 사회주의 사상을 바탕으로 결성한 비밀결사로 뒷날 신우동맹 등으로 개편됨
13	국채보상운동	1907년 금연 등으로 돈을 모아 일제에 진 빚 1,300만 원을 갚자면서 대구에서 행동에 나서 전국으로 번진 민간 차원의 외채 갚기운동
14	근우회(槿友會)	1927년 5월 서울에서 조직된 항일 여성운동 단체로 일제 탄압으로 1931년 해산될 때까지 전국에 지부를 두고 활동
15	남일동폐물폐지 부인회	1907년 대구에서 국채보상운동이 일어나자 정경주를 비롯한 7명의 대구여성들이 패물을 모아 빚을 갚는 활동을 펼치며 만든 모임

16	다물단(多勿團)	1920년대 중국 북경을 중심으로 활동한 비밀 독립운동단체들의 하나로, 1923년과 1925년에 같은 이름의 조직이 결성돼 활동함
17	다혁당(茶革黨)	1941년 2월 15일 대구사범학교 9기생을 중심으로 이뤄진 비밀결사로, 종전의 비밀모임인 백의단을 계승한 조직
18	단연회(斷煙會)	1907년 대구에서 국채보상운동을 펼치면서 한달 20전 담배를 3개월 끊어 외채 1,300만 원을 갚자면서 만들어진 자발적 모임
19	달성친목회	1908년 9월 대구 젊은이들이 애국계몽단체로 만들었으나 나라가 망하자 활동이 중단됐다 다시 재건돼 비밀 독립운동을 펼침
20	대공단(大公團)	대구 출신 독립운동가 김무열(金武烈)이 1929년 9월 사형집행으로 순국하기 전 활동했고 조선독립을 목적으로 결성된 비밀단체
21	대구광문사	1906년 1월 대구에서 설립된 계몽운동 단체(서상돈 부사장과 김광제 사장)로, 1907년 국채보상운동에 앞장서 이를 전국운동으로 펼침
22	대구광학회	대구광문사의 대동광문회처럼 계몽활동을 위해 1906년 8월 대구의 자산가 이일우의 지원으로 대구에서 설립된 교육 계몽운동단체
23	대구구락부	대구의 젊은이들이 문화운동 전개를 표방하며 1921년 기성회를 조직한 뒤 1923년 조양회관에서 발족한 대구의 사회단체의 하나
24	대구노동공제회	1920년 6월 출범한 조선노동공제회 대구지부는 노동·농민문제에 관심을 갖고 활동하다 1923년 1월 대구노동공제회로 이름을 변경함
25	대구시의소	대구광학회에서 만든 자치 성격의 계몽단체로 1907년 대구의 자산가로 우현서루를 운영한 이일우의 주도로 만들어짐
26	대구애국부인회	국채보상운동 과정을 통해 여성의 사회활동 필요성을 인식해 1908년 12월 경상북도관찰부 부속 건물에 사무실을 두고 설립된 단체
27	대구인민대의소	대구광문사를 설립한 김광제 사장·서상돈 부사장 등이 1906년 5월 세운 계몽단체로 민지계발, 교육과 산업의 중요성 등을 강조함
28	대구청년동맹	대구의 청년운동 단체들이 기존 청년운동 방향 전환을 위해 1927년 7월 24일 결성대회를 갖고 출범한 단체로, 사회주의계열 세력이 주도
29	대동광문회	대구광문사 김광제사장·서상돈부사장이 1907년 2월 16일 특별회 개최를 통해 대구광문사를 확대, 개편하는 과정에서 개칭한 계몽단체
30	대동청년단	1909년 10월 경북 고령 출신 남형우가 서울에서 결성한 비밀단체로 현재 전하는 단원은 52~56명에 이르며 많은 대구청년들이 참여함
31	대한광복회	1915년 대구 달성공원에서 경북 풍기의 채기중 광복단장 등과 박상진 등 대구의 조선국권회복단원 등이 만든 비밀무장독립운동단체
32	대한민국 애국부인회	1919년 3월 만세운동 이후 상해에 대한민국 임시정부가 수립되자 이를 지원하고 독립운동을 펼치기 위해 설립된 항일 여성단체
33	대한인국민회	미국의 한국인단체인 대한인공립협회와 하와이의 한인합성협회가 통합하여 1909년 2월 출범한 국민회가 1910년 2월 대동보국회라는 단체를 흡수하여 탄생한 미국의 독립운동단체

34	대한자강회	국민교육 강화와 국력 배양으로 독립의 기초를 다진다는 취지로 1906년 4월 장지연 등 20여 명이 서울에서 조직한 민중계몽단체
35	대한협회	일제에 의해 대한자강회가 강제 해산된 뒤 국민 개화를 위해 1907년 11월 서울에서 조직돼 1910년 패망 때까지 활동한 정치단체
36	독립협회	국권침탈에 맞서 민중계몽과 자주독립, 내정개혁을 위해 1896년 7월 서재필 등이 한국 최초로 설립한 근대적인 사회정치단체
37	동경노동동지회	1917년 1월 23일 일본의 한국인 노동자와 유학생이 연대하여 만든 조직으로 1920년 조선고학생동우회로 전환해 활동을 이어감
38	무우원	1940년 12월 1일 대구사범학교 특설강습과 학생 4명으로부터 시작해 '근심, 걱정 없는 낙원'을 만들자며 조직한 학생비밀결사
39	민족유일당운동	독립운동단체의 통합을 위해 1926년 9월 임시정부가 민족유일당 조직을 위한 시정방침을 발표하면서 중국 상해와 북경, 만주 등지에서 항일 민족단체 중심으로 추진됐으나 참여 진영 사이의 이견을 좁히지 못해 결국 1929년 실패로 끝난 통합운동
40	민족혁명당	1935년 7월 중국 남경에서 조직된 민족연합전선 성격의 항일 독립운동정당으로, 한국독립당과 조선혁명당 등 5개 당이 참여함
41	백망회(白望會)	대구고등보통학교 학생들이 1929년 11월 7일 조직한 사회과학계열 독서 비밀모임으로 1930년 1월 경찰에 발각돼 조직이 무너짐
42	백의단(白衣團)	대구사범학교 학생들이 1939년 7월 경부선 철로작업에 강제동원된 뒤 학교의 차별 등에 대응하기 위해 8월 만든 비밀모임
43	병인의용대	1926년 1월 중국 상해에서 조직된 독립운동단체로 일제에 무력으로 저항하기 위해 결성됐고 18세 이상 건장한 청년을 대원으로 함
44	북성회(北星會)	1923년 1월 일본 동경에서 한국 유학생들이 조직한 사회주의 성격의 운동단체로 한국 국내에도 진출해 조직을 두고 활동함
45	북풍회(北風會)	1923년 일본에서 결성된 북성회의 국내 본부 성격으로 사회주의 영향을 받아 사회주의 목표 달성을 위해 조직
46	불령사(不逞社)	1923년 4월 경북출신 재일 한인 박열 등 한국인 14명과 일본인 5명이 모여 만든 사회주의 성격의 항일운동 사상단체
47	붉세회	붉새회, 서광회, 적세회로도 불렸는데 1927년 11월 출범했던 구화회 맥을 잇기 위해 1928년 5월 결성된 학생 비밀모임
48	사회과학연구회	대구사범학교 학생들이 1930년 10월 만든 독서회 활동을 위한 비밀조직의 이름이기도 하지만, 이와 별도로 대구고등보통학교 학생들도 1931년 6월쯤 대구의 계성학교·교남학교와 서울의 휘문학교 학생 등과 연계해서 만든 비밀조직의 명칭이기도 함
49	상미회(尚微會)	1923년 여름 대구의 결성된 사회주의 활동을 위한 사상단체로 1924년 8월 정오회(正午會)로 이름을 바꾸었고 정칠성 등이 참여함

50	새배달모듬 (新倍達會)	대구 출신 정운해·최윤동 등 청년들이 1914년 대구에서 만든 항일 비밀단체로 민족사상 고취와 독립운동에 주력함
51	서로군정서	1919년 3월 만세운동 이후 그해 5월 만주에서 조직된 무장독립운동 체로 임시정부에 통합돼 산하 기관으로 활동
52	신간회	1927년 민족주의 계열의 세력과 사회주의 계열의 세력이 합작해 만든 좌우익 통합 단체로 전국에 조직을 두고 활동
53	신우동맹	1927년 11월 대구고등보통학교 학생 등이 만든 비밀결사로, 마르크스 혁명전술과 피압박민족 해방 등 내용의 강령을 만듦
54	신한청년당 (신한청년단)	세계1차 대전 종료 이후 한국독립의 계기 마련을 위해 1918년 8월 중국 상해에서 결성된 한국 애국지사들의 청년 독립운동단체
55	신흥무관학교	1910년 패망 이후 중국으로 몰린 한국 젊은이 등을 대상으로 독립군 양성을 위해 이회영 등이 만주 삼원보에 세운 학교
56	신흥학우단	중국 삼원보에 설립된 신흥무관학교의 직원과 학생 등 신흥무관학교 출신(졸업생)을 중심으로 1913년 4월 조직된 항일 투쟁단체
57	앨범결사	대구농림학교의 한국인 학생 10여 명이 1941년 3월쯤 친목을 가장해 전시상황 파악과 민족사상 고취 등을 위해 결성한 비밀모임
58	영남부인회	미국 하와이 호놀룰루에서 영남 출신 여성을 중심으로 1928년 9월 결성된 여성단체로 뒷날 영남부인실업동맹회로 이름을 바꿈
59	용진단	1925년 대구에서 결성된 사회주의 성격의 단체로 알려지고 있으며, 대구 출신 독립운동가 이상정이 위원장을 맡았다고 함
60	우리동맹	절대 비밀유지와 마르크스 혁명전술 함양 등의 강령을 갖고 1928년 9월 8일 결성된 대구학생 비밀결사로 사상강좌의 영향을 받음
61	의열단	1919년 11월 10일 중국 길림에서 일제 시설파괴와 고관(高官)처단 등 무장투쟁을 벌이기 위해 결성된 비밀 독립운동단체
62	일우당	내분으로 2개월만에 해체된 적우동맹의 뒤를 이어 1928년 4월 30일 결성된 대구학생 비밀결사로, 사회주의 요소의 강령을 채택
63	임시군사주비단	상해 대한민국 임시정부는 1920년 일제와 독립전쟁을 선포하고 이를 위해 1920년 1월 13일 국무부령 제1호로 '임시군사주비단제'라는 직제 규칙을 발표하고 독립전쟁을 위한 군사준비에 나섬. 이에 따라 국내에서는 황해도와 서울에서 주비단이 결성됨
64	적우동맹	대구학생 14명이 1928년 2월 만든 비밀결사로, 조직을 6개 그룹을 나눠 역할을 맡았는데 회원이 200여 명이 이를 정도에 이름
65	정의부(正義府)	1919년 만세운동 이후 만주에서 여러 갈래로 흩어져 활동하던 독립 운동단체 통합을 위해 1924년 만주에서 조직된 독립운동단체
66	제2 유림단사건	김창숙을 중심으로 중국에 독립운동기지를 건설하기 위한 군자금을 모금하는 과정에서 1925년 경찰에 적발돼 탄압을 받은 활동

67	조선고학생 동우회	1920년 일본 동경에서 동경유학생들이 표면상으로는 고학생 및 노동자의 상부상조를 목적으로 조직한 고학 유학생들의 친목 단체
68	조선공산당 만주총국	1925년 4월 서울에서 결성된 사회주의운동 단체인 조선공산당이 1926년 5월 만주 길림성에서 만든 조직으로 1930년 6월 해체됨
69	조선공산당	1919년 만세운동 이후 사회주의 영향으로 1925년 4월 서울에서 조직된 사회주의운동 단체로 1928년 12월 해체될 때까지 활동
70	조선국권회복단	1915년 1월 15일(음력) 대구 앞산 안일암에서 대구 인사들이 중심이 되어 시회(詩會)를 갖고 독립운동을 위해 조직한 비밀결사
71	조선노동공제회	1920년 4월 서울에서 노동운동단체로 결성됐으며 대구를 비롯한 전국에 지부를 두고 활동했는데 대구경북인들도 간부로 참여함
72	조선노동총동맹	대구노동공제회에 참여한 정운해 등이 활동한 1920년대 노동운동단체로 1924년 4월 서울에서 조직됐으며, 이에 앞서 1924년 3월 대구에서 열린 전국 노동조직 결성을 위한 남선(南鮮)노동동맹 창립총회 등의 노력이 바탕이 됨
73	조선독립군 사령부	1918년 일제 탄압으로 대한광복회 조직이 와해된 뒤 1919년 생존 회원 가운데 한훈 등이 만든 비밀 독립운동단체
74	조선독립운동 후원의용단	1920년 9월 경북 김천에서 해외 독립운동단체 후원을 위한 군자금 모금 등의 목적으로 결성된 비밀단체로 1922년까지 활동함
75	조선독립회복 연구단	일제 패망을 앞두고 경북 안동농림학교 학생들이 비밀 회합을 갖고 독립을 위해 나설 것을 결의하고 1944년 10월 만든 비밀결사
76	조선민족전선 연맹	1937년 중국 남경에서 조선민족혁명당 등 사회주의 계열의 4개 단체가 참여하여 조직된 항일 민족연합전선단체
77	조선민족혁명당	1935년 중국 남경에서 조선혁명당을 비롯한 사회주의 계열의 5개 단체가 참여하여 만든 독립운동단체
78	조선어학회	국어학자들을 중심으로 1931년 우리말과 글을 연구하기 위해 만든 단체이지만 일제의 독립운동 날조로 탄압을 받은 단체
79	조선여성동우회	사회주의 이념을 바탕으로 1924년 4월 발기하고 5월 서울에서 최초로 조직된 사회주의 여성단체로 대구여성 정칠성 등이 참여
80	조선의용대	의열단의 단장을 지냈던 김원봉이 1938년 중국의 임시수도 한구(漢口)에서 창설한 한국 독립무장부대로 대구의 이현수 등이 참여
81	조선청년총동맹	1920년 12월 전국 600여 개 청년단체의 연합인 조선청년연합회가 결성된 뒤 내부 문제로 민족주의계열과 사회주의계열로 갈등을 겪음. 이에 1924년 2월 두 계열의 대표들이 모여 조선청년총동맹발기준비회를 열고 그해 4월 서울에서 223개 단체 대표들이 모인 가운데 창립대회를 갖고 조직된 청년운동단체가 조선청년총동맹으로, 1931년 5월 단체가 해산될 때까지 활동
82	조선혁명군사 정치학교	비밀 무장 독립운동단체인 의열단장을 지낸 김원봉이 1932~1935년까지 중국 남경에 세워 운영한 독립운동 간부양성을 교육기관

83	주비단	1918년 대한광복회 와해 뒤 생존회원과 이민식 등 한말관리 등이 1919년 6월 서울에서 임시정부 지원을 위해 조직한 비밀단체
84	죽마계(竹馬契)	일본 유학생 14명이 일제에 맞서 독립운동을 펼치기 위해 1940년 3월 동경에서 조직한 항일 학생비밀결사로 대구출신 안종식이 참여
85	진우연맹	일본에 활동하던 무정부주의자 박열의 영향을 받아 무정부주의 이념을 바탕으로 1925년 9월 대구에서 서동성 등이 만든 비밀단체
86	태극단(太極團)	대구상업학교 학생 이상호 등이 관방국·체육국 등 조직을 갖추고 1942년 5월 독립투쟁을 목적으로 결성해 활동한 학생 비밀단체
87	파리장서운동	1919년 3월 1일 만세운동 과정에서 민족대표 33인에 참여하지 못한 국내 유림은 국제사회에 한국의 독립을 청원하는 긴 편지(長書)를 써서 곽종석·김복한 등 유림 137명의 서명을 받아 이를 프랑스 파리에서 열리고 있는 강화회의에 보낸 국제 독립청원운동
88	프롤레타리아 과학연구소 조선제1호지국	대구상업학교 한일(韓日) 학생들이 1930년 12월 사회주의 연구와 보급을 목적으로 결성한 비밀결사로, 농촌과 공장 대상 침투 활동목표는 성사되지 않았지만 학교 당국의 민족 차별에 대한 항쟁과 격문 살포를 통한 반전반제 활동을 전개함
89	한국광복군	1940년 중국에서 창설된 대한민국 임시정부 군대로, 2차대전 연합국 일원으로 참전해 국내진공을 노렸지만 일제 항복으로 무산됨
90	한국독립당	중국 상해에서 1930년 1월 임시정부의 민족주의 계열 인사를 중심으로 창립한 독립운동단체로 보수주의 성향의 정당으로 활동
91	한인애국단	중국 상해의 대한민국 임시정부 국무령 김구가 한중(韓中) 우의와 일제 요인 암살을 위해 1931년 조직한 비밀 독립운동단체
92	한족노동당	중국 길림성 반석현에서 경상도 출신 농민들을 주요 기반으로 1924년 11월 결성된 단체로, 1928년 2월 재만농민동맹으로 개편됨
93	허무당선언	대구 출신인 윤우열이 1926년 1월 서울에서 일제 저항에 나설 것을 촉구하는 격렬한 내용을 적어 서울에서 전국 각지로 보낸 선언서
94	혁우동맹	1927년 12월 27일 대구지역 학생들이 조선공산당을 모방하여 만든 비밀조직으로, 자체 강령과 표어를 정해 활동
95	혜성단	대구에서 3월 만세운동을 벌이면서 일제에 맞서 저항활동을 이어가기 위해 대구 계성학교 학생들을 중심으로 조직된 비밀모임
96	흑로회	경북 출신 무정부주의자 박열이 일본에서 귀국해 1923년 2월 서울에서 이강하 등과 함께 조직한 국내 첫 무정부주의 운동단체
97	흑풍회(黑風會)	일본의 한국인 학생들이 무정부주의자 박열의 영향을 받아 1926년 11월 조직한 흑색전선연맹을 12월 불령사로 개칭했다가 다시 1927년 2월 바꾼 이름이 흑풍회. 흑풍회는 노동자 대상 선전 활동을 했는데 이름을 1928년 1월 흑우연맹으로 개칭함

98	흥맹회(興氓會)	대구 출신인 서상태가 일본 토바타(戶畑)중학교 재학 중 일제의 민족차별에 맞서 3명의 동지를 모아 만든 항일결사로, 재일동포 상대의 계몽활동과 한국인 노무자 대상으로 활동을 전개
99	흥사단	1913년 미국 샌프란시스코에서 안창호가 유학 중인 청년학생을 중심으로 조직한 민족운동단체로 국내 8도 대표를 창립위원으로 둠
100	흥업단	겉으로는 산업진흥과 친목도모를 내세우고 실제 독립운동을 위해 1919년 중국 만주에서 활동하던 인사들이 조직한 독립운동단체

참고문헌목록

가미야마 미나코, 「한국 강제병합 전후 일본 여성 기독교인의 한국 인식-일본기독교부인교풍회와 일본YWCA를 중심으로」, 「한국기독교와 역사」 제45호, 한국기독교역사연구소, 2016.

강영심, 「조선국권회복단의 결성과 활동」, 「한국독립운동사연구」 4, 독립기념관 한국독립운동사연구소, 1990.

강필구, 「일제의 전시체제기 조선인 강제동원 실태분석 : 대구광역시 강제동원 피해신고자를 중심으로」, 계명대 석사학위논문, 2014.

구본욱, 「대구 유림의 임진란 창의와 팔공산 회맹」, 「조선사연구」 제24집, 조선사연구회, 2015.

권대웅, 「한말 경북지방의 사립학교와 그 성격」, 「국사관논총」 제58집, 국사편찬위원회, 1994.

권대웅, 「소남 이일우의 생애와 국권회복운동」, 「소남 이일우 생애와 나라사랑 정신」, 소남이일우 기념사업회 준비위원회, 2016.

권대웅, 「1910년대 경상도지방의 독립운동단체연구」, 영남대 박사학위논문, 1993.

권대웅, 「한말 교남교육회 연구」, 「정덕기교수회갑기념논총」, 동간행위원회, 1996.

권두연, 「청년학우회의 활동과 참여인물」, 「현대문학의 연구」 48집, 한국문학연구학회, 2012.

권영배, 「대구지역 3·1운동의 전개와 주도층」, 「조선사연구」 제16집, 조선사연구회, 1997.

권영배, 「대한제국기 일본군의 한국 주둔과 의병 탄압-경상북도를 중심으로」, 「조선사연구」 제19집, 조선사연구회, 2010.

금중현, 「상주의 국채보상운동 의연(義捐) 사실」, 「유학과 현대」 제17집, 박약회 대구시지부, 2016.

기타무라 사치코, 「대구사범학교의 항일학생운동에 관한 연구」, 계명대 석사학위논문, 2008.

김경미, 「1910년대 이광수 문학에 나타난 '준비론'의 양가성」, 「어문학」 제86호, 한국어문학회, 2004.

김계순, 「친일반민족행위자 후손의 토지소송에 관한 판례 유형」, 「법학논집」 제14권 제4호, 이화여자대학교, 2010.

김광명, 「대구·경산지역 지석묘 연구」, 영남대 석사학위논문, 2000.

김기호, 「박작대기 일화를 통해 본 근대도시 대구의 문명적 이중성」, 「어문논총」 제55호, 한국문학언어학회, 2011.

김도형, 「일제말기 대구24부대 학병 탈출의거」, 「군사」 제65호, 국방부 군사편찬연구소, 2007.

김도형, 「1920년대 경북지역 농민운동」, 『한국근현대지역운동사·영남편』 1, 여강출판사, 1993.

김도형, 「한말 경북지역의 근대교육과 유교」, 『계명사학』 제10집, 계명사학회, 1999.

김도형, 「한말 대구지방 상인층의 동향과 국채보상운동」, 『계명사학』 제8집, 계명사학회, 1997.

김 승, 「박재혁의 부산경찰서 폭탄투척사건」, 『문화전통론집』 제14집, 경성대 한국학연구소, 2007.

김승태, 「손양원의 초기 목회활동과 신사참배 거부항쟁」, 『한국기독교와 역사』 제34호, 한국기독교역사연구소, 2011.

김영범, 「1920년 밀양 항일폭탄의거의 배경과 전말-최수봉의 생애 행로와 의열단의 초기 동향을 중심으로」, 『한국민족운동사연구』 제85집, 한국민족운동사학회, 2015.

김영범, 「의열투쟁-1920년대」, 『한국독립운동의 역사』 26권, 한국독립운동사편찬위원회·독립기념관 한국독립운동사연구소, 2009.

김영범, 「현정건의 생애와 민족혁명운동」, 『한국민족운동사연구』, 한국민족운동사학회, 2012.

김영우, 「한말의 사립학교에 관한 연구」 Ⅰ～Ⅱ, 『교육연구』 1, 공주사범대학 교육연구소, 1986.

김영진, 「대구지역의 항일학생민족운동에 관한 연구」, 대구대 석사학위논문, 1997.

김용달, 「김익상의 생애와 의열투쟁」, 『한국독립운동사연구』 제38집, 한국민족운동사학회, 2011.

김용직, 「현대 한국의 낭만주의에 관한 연구」, 『서울대논문집』 14, 서울대, 1968.

김은아, 「일제강점기 경북지역 근우회 운동」, 계명대 석사학위논문, 2011.

김은지, 「대한민국임시정부의 국내비밀결사 의용단의 활동」, 『한국근현대사연구』 제47집, 한국근현대사학회, 2008.

김의환, 「백초 홍순창박사 환력 기념사학특집:장진홍의 생애와 그의 의열투쟁」, 『대구사학』 13권, 대구사학회, 1977.

김이조, 「일제강점기의 변호사」, 『애산학보』 제35집, 애산학회, 2009.

김인식, 「안재홍의 '기미운동'과 임정 법통성의 역사의식」, 『한국인물사연구』 제18호, 한국인물사연구소, 2012.

김인호, 「합방의 콩고물, 임시은사금」, 『인간과 문화연구』, 동의대 인문사회연구소, 2010.

김일수, 「한말·일제시기 대구지역 자본가층의 민족운동」, 『대구경북학 연구논총』 제1집, 대구경북연구원, 2006.

김일수, 「일제강점기 대구의 민족독립운동」, 『지오 이경희와 대구의 독립운동』, 매일신문사, 2016.

김일수, 「지오 이경희와 대구의 독립운동」, 『한국학논집』 제63집, 계명대 한국학연구원, 2016.

김일수, 「1910년대 달성친목회의 민족운동」, 『한국학논집』 제45집, 계명대 한국학연구원, 2011.

김일수, 「1920~1930년대 전반기 경북지역 학생운동의 전개와 성격변화」, 『대구사학』 제51집, 대구사학회, 2001.

김일수, 「1920년대 경북지역 사회주의운동」, 『한국근현대와 사회주의』, 역사비평사, 2000.

김일수, 「1920년대 경북지역 청년운동」, 『한국근현대청년운동사』, 풀빛, 1995.

김일수, 「1920년대 대구지역 학생운동의 전개와 성격-대구고보를 중심으로」, 『한국근현대사연구』 제21집, 한국근현대사학회, 2002.

김일수, 「김일식 일가의 독립운동과 국가건설운동」, 『역사연구』 26호, 역사학연구소, 2014.

김일수, 「대한제국 말기 대구지역 계몽운동과 대한협회 대구지회」, 『민족문화논총』 제25집, 영남대민족문화연구소, 2002.

김일수, 「일제강점기 대구노동공제회의 활동과 성격」, 『대구사학』 제70집, 대구사학회, 2003.

김일수, 「한일병합 이전 대구의 일본인거류민단과 식민도시화」, 『한국학논집』 제59집, 계명대 한국학연구소, 2015.

김일수, 「서상일의 정치·경제 이념과 활동」, 성균관대 박사학위논문, 2001.

김일수, 「한말·일제강점기 윤필오·윤홍열·윤우열 삼부자의 사회 활동과 그 의미」, 『한국학논집』 제71집, 계명대 한국학연구원, 2018.

김재영, 「일제 강점기 형평운동의 지역적 전개」, 전남대 박사학위논문, 2007.

김주용, 「중국 장백지역 독립운동단체의 활동과 성격-대한독립군비단과 광정단의 활동을 중심으로」, 『사학연구』 제92호, 한국사학회, 2008.

김주용, 「1920년대 초 독립운동단체의 군자금 모금활동」, 『한국독립운동사연구』 제32집, 독립기념관 한국독립운동사연구소, 2009.

김주용, 「1940년대 항일무장단체의 실상:한국광복군, 조선의용군, 동북항일연군의 활동을 중심으로」, 『동국사학』, 동국사학회, 2007.

김준헌, 「대구상공협회(大邱商工協會)의 실체-회보(會報)를 통해소 본」, 『성곡논총』 제14집, 성곡언론문화재단, 1983.

김중순, 「근대화의 담지자(擔持者) 기생(妓生)-대구지역 문화콘텐츠로서의 가능성」, 『한국학논집』 제43집, 계명대 한국학연구원, 2011.

김태웅, 「1910년대 전반 조선총독부의 취조국·참사관실과 구관제도조사사업」, 『규장각』 제16집, 서울대 규장각 한국학연구원, 1993.

김학수, 「한 일본인(日本人)의 조선정착과 사회문화적 적응 양상:항왜장 사야가(沙也可)(金忠善, 1571~1642) 집안을 중심으로」, 『대동한문학』 제46집, 대동한문학회, 2016.

김형목, 「사립흥화학교(1898~1911)의 근대교육사상 위치」, 『백산학보』 제50호, 백산학회, 1998.

김혜미, 「러일전쟁 이후 도성·읍성 성벽의 훼철」, 한양대 석사학위논문, 2016.

김혜진, 「부산의 독립유공자 공훈록 분석」, 『항도부산』 33권, 부산광역시 시사편찬위원회, 2017.

김희곤, 「이육사와 의열단(義烈團)」, 『안동사학』 제1집, 안동대사학회, 1994.

김희곤, 「이육사의 생애에 대한 재검토 : 독립운동을 중심으로」, 『한국 근현대사 연구』 제13집, 한국근현대사학회, 2000.

김희곤, 「1920년대의 임시정부 외곽단체」, 『경북사학』 제4집, 경북사학회, 1982.

김희곤, 「대한민국 임시의정원의 성격 ; 1919년 정부수립기를 중심으로」, 『한국민족운동사연구』 5권, 한국민족운동사학회, 1991.

김희주, 「대한광복단 연구」, 동국대 박사학위논문, 2002.

남부희, 「제2차 유림단의거 연구(2)」, 『경희사학』 제19집, 경희사학회, 1995.

남정원, 「1920년대 후반 신간회 대구지회의 설립과 활동」, 계명대 석사학위논문, 2005.

노영택, 「일제하 농촌여성계몽운동의 일연구」, 『여성문제연구』 8권, 대구가톨릭대 사회과학연구소, 1979.

노영택, 「한말 일제하 여성교육운동의 성격」, 『여성문제연구』 7권, 대구가톨릭대 사회과학연구소, 1978.

류동원, 「한지성(韓志成)의 활동을 통해 본 1930~40년대 재중(在中) 한인독립운동의 일양상」, 서울시립대 석사학위논문, 2015.

류미나, 「전시체제기 조선총독부의 유림정책」, 『역사와 현실』 제63호, 한국역사연구회, 2007.

문지은, 「1930년대 향토교육론의 전개와 일제의 향토교육 시책」, 서울대 석사학위논문, 2010.

민족문제연구소, 「박중양의 술회」, 『민족문제연구』 제9권, 1996.

박걸순, 「3·1운동기 국내 비밀결사운동에 대한 시론」, 『한국독립운동사연구』 제9집, 독립기념관 한국독립운동사연구소, 1988.

박걸순, 「대한통의부 연구」, 『한국독립운동사연구』 제4집, 독립기념관 한국독립운동사연구소, 1990.

박경하, 「일제하 관학자의 향약연구의 성격」, 『역사민속학』 제22호, 한국역사민속학회, 2006.

박만규, 「한말 안창호의 신민회 조직과 준비론 주장」, 『용봉인문논총』 20권, 전남대 인문연구소, 1991.

박성식, 「1930년대 대구지방 학생운동의 전개」, 『교남사학』 창간호, 영남대 국사학과, 1985.

박영석, 「대한광복회연구-이념과 투쟁방략을 중심으로」, 『한국민족운동사연구』 15권, 한국민족운동사학회, 1997.

박영석, 「대한광복회 연구 : 박상진제문을 중심으로」, 『한국민족운동사연구』 1권, 한국민족운동사학회, 1986.

박용옥, 「국채보상운동의 발단배경과 여성참여」, 『한국민족운동사연구』 8권, 한국민족운동사학회, 1993.

박원순, 「이인 변호사」, 『애산학보』 제35집, 애산학회, 2009.

박은하, 「1920년대 농민운동과 그 성격」, 전남대 석사학위논문, 1994.

박종현, 「한국교회의 신앙 내연(內燃)과 그 외연(外延) 구조의 상관관계 연구:1903-1910년 부흥운동과 일제말 한국교회 저항을 중심으로」, 연세대 박사학위논문, 1999.

박종현, 「일제말 신사참배 거부투쟁에 나타난 한국교회의 복음신앙」, 『성결교회와 신학』 4권, 현대기독교역사연구소, 2000.

박창원, 「일제강점기 대구지방 한글신문의 실태연구」, 『커뮤니케이션이론』 7권 1호, 한국언론학회, 2011

박철하, 「북풍파 공산주의 그룹의 형성」, 『역사와 현실』 제28호, 한국역사연구회, 1998.

박현수, 「문인·기자로서의 현진건」, 『반교(泮橋)어문연구』 제42집, 반교어문학회, 2016.

박 환, 「1920년대 중반 북경지역 다물단의 성립과 활동」, 『한국민족운동사연구』 33권, 한국민족운동사학회, 2002.

반병률, 「의사 이태준(1883~1921)의 독립운동과 몽골」, 『한국근현대사연구』 제13집, 한국현대사학회, 2000.

방기중, 「일제말기 대동사업체의 경제자립운동과 이념」, 『한국사연구』 제95호, 한국사연구회, 1996.

배규성, 「대구 2·28민주운동:지역적 의미와 계승」, 『영남국제정치학회보』 14집 1호, 동아시아국제정치학회, 2011.

백승종, 「'우현서루', 근대화 담론의 장(場)을 열다」, 『소남 이일우 생애와 나라사랑 정신』, 소남이일우기념사업회 준비위원회, 2016.

백은진, 「금모으기운동에 나타난 민족주의와 행위자의 이해관계」, 연세대 석사학위논문, 2014.

변은지, 「일제말 전시체제기 재일경북인(在日慶北人)의 비밀결사운동」, 『영남학』 25권, 경북대 영남문화연구원, 2014.

변창구, 「제4장 이육사의 선비정신과 독립운동」, 『민족사상』 제7권 제1호, 한국민족사상학회, 2013.

서대원, 「경상도 지역의 순교자와 현양 운동에 관한 고찰:대구대교구 순교자 20위 중심으로」, 대구가톨릭대 석사학위논문, 2014.

서동일, 「조선총독부의 파리장서운동 참가자에 대한 사법처리와 관련 수감자의 대응」, 「한국민족운동사연구」 68호, 한국민족운동사학회, 2011.

서동일, 「1919년 파리장서운동의 전개와 역사적 성격」, 한국학중앙연구원 박사학위논문, 2009.

신규수, 「구영필의 독립운동과 국내 관련자료 분석」, 「역사학연구(구 전남사학)」 51권, 호남사학회, 2013.

신승훈, 「해방직전(1943~45) 안동농림학교 학생항일운동연구」, 「안동사학」 제12집, 안동사학회, 2007.

신용하, 「신채호의 광복회 통고문과 고시문」, 「한국학보」 9권 3호, 일지사, 1983.

심옥주, 「한국 여성독립 운동가의 보훈예우 현황에 관한 분석」, 「한국보훈논총」 12권 2호(통권 26호), 한국보훈학회, 2013.

심옥주, 「일제강점기 제주 독립운동의 지형과 독립유공자 현황 분석」, 「한국독립운동사연구」 제46집, 독립기념관 한국독립운동사연구소, 2013.

양보경·김경란, 「일제 강점기 읍지의 편찬과 그 특징」, 「응용지리」 제22호, 성신여대 한국지리연구소, 2001.

양성숙, 「제6장 한국노병회의 조직과 광복활동」, 「민족사상」 제3권 제2호, 한국민족사상학회, 2009.

양영석, 「대한민국 임시의정원 연구(1919~1925)」, 「한국독립운동사연구」 제1집, 독립기념관 한국독립운동사연구소, 1987.

연숙자, 「이상화 시 연구-저항의식을 중심으로」, 청주대 석사학위 논문, 2004.

염소원, 「국채보상운동에 참여한 여성단체의 활동과 특징」, 한성대, 2014.

염인호, 「조선의용군(조선독립동맹)과 월남독립동맹」, 「한국근현대사연구」 42집, 한국근현대사학회, 2007.

오미영, 「20세기 초 한·몽 교유연구-몽골행(行) 한인들의 활동을 중심으로-」, 단국대 박사학위논문, 2017.

오미라, 「일제시기 백산상회의 창립과 변천」, 「영남학」 26호, 경북대 영남문화연구원, 2014.

오세창, 「파리장서와 송준필」, 「한국근현대사연구」 제15집, 한국근현대사학회, 2000.

오영섭, 「한국독립운동의 방략과 성격」, 「항일독립운동사연구 학술발표」, 광복회 대구시지부, 2016.

오준호, 「사명유정연구」, 동국대 박사학위논문, 2000.

윌리엄 E. 헨슨, 「대구의 역사적 전개」, 「전환의 도시 대구」, 대구경북학회, 2012.

유영옥, 「대한민국 임시정부의 활동과 성과 및 평가」, 「경기대학교논문집」 제53집, 경기대연구교류처, 2008.

유준기, 「1910년대 전후 일제의 유림 친일화정책과 유림계의 대응」, 「한국사연구」 114권, 한국사연구회, 2001.

윤경로, 「신민회의 지방조직에 대하여」, 「한성사학」 4권, 한성대 한성사학회, 1986.

윤선자, 「한국독립운동과 권기옥의 비상」, 「한국근현대사연구」 69, 한국근현대사학회, 2014.

윤장근, 「이상화탄생 100주년기념 특별전 도록」, 대구시, 2001.

윤장근, 「여명기의 주역 이상화」, 「대구문단인물사」, 대구시립서부도서관, 2010.

윤정원, 「대구역사와 대구법원」, 「대구법원의 과거 100년, 미래 100년」, 경북대 인문학술원·경북대 법학연구원·대구시민사법위원회, 2015.

윤종일, 「일우 구영필(1891~1926)의 생애와 독립운동」, 「한국사상과 문화」 제60집, 한국사상문화학회, 2011.

윤주한, 「3·1운동기 자제단의 등장과 활동」, 한양대 석사학위논문, 2017.

이구용, 「한말의병항쟁에 대한 고찰-의병진압의 단계적 수습대책」, 「국사관논총」 제23집, 국사편찬위원회, 1991.

이경규, 「대구 국채보상운동의 재조명」, 「유학과 현대」 제17집, (사)박약회 대구시지회, 2016.

이동언, 「이종암의 생애와 의열투쟁」, 「한국독립운동사연구」 제42집, 독립기념관 한국독립운동사연구소, 2012.

이명화, 「식민지 청년 김익상의 삶과 의열 투쟁」, 「한국독립운동사연구」 제52집, 한국민족운동사학회, 2015.

이상규, 「소남 이일우 년보」, 「성남세고(城南世稿)」, 경주이장가, 2016.

이상규, 「소남 이일우-생애와 사상, 평가와 재조명」, 「소남 이일우 생애와 나라사랑 정신」, 소남 이일우기념사업회 준비위원회, 2016.

이상규, 「이상정 장군의 육필 유고 「표박기(飄泊記)」 분석」, 「동아인문학」 39, 동아인문학회, 2017.

이상의, 「태평양전쟁기 조선인 전문학생·대학생의 학도지원병 동원 거부와 '학도징용'」, 「역사교육」 141권, 2017.

이성우, 「광복회 연구」, 충남대학교 박사학위논문, 2007.

이성우, 「주비단의 조직과 활동」, 「한국근현대사연구」 제25집, 한국근현대사학회, 2003.

이성우, 「창랑 장진홍의 생애와 조선은행 대구지점 폭파의거」, 「한국독립운동사연구」 제57집, 독립기념관 한국독립운동사연구소, 2017.

이순영, 「국가위기시 상징적 통합에 대한 연구」, 서울대 석사학위논문, 2004.

이용창, 「일제강점기 '조선귀족' 수작 경위와 수작자 행태-대한정책(對韓政策)의 순응과 대가(代價)」, 「한국독립운동사연구」 제43집, 독립기념관 한국독립운동사연구소, 2012.

이원경, 「1920년대말-1930년대초의 대구지역 학생운동 연구」, 계명대 석사학위논문, 1994.

이원천, 「성주군 용암면의 두의방천(豆依防川)과 그 내력」, 「향토사연구」 제3집, 한국향토사연구전국협의회, 1991.

이윤갑, 「1920년대 농민층의 계급의식 형성에 관한 연구」, 「역사와 현실」 제39권, 한국역사연구회, 2001.

이윤갑, 「대구지역의 한말 일제초기 사회변동과 3·1운동」, 「계명사학」 제17집, 계명사학회, 2006.

이윤갑, 「일제강점기 농민운동사 연구에 대한 방법론 비판」, 「계명사학」 제9집, 계명사학회, 1998.

이윤갑, 「일제하 경상북도 지역의 신간회 지회 운동」, 「동방학지」 제123집, 연세대 국학연구원, 2004.

이재순, 「한말 신민회에 관한 연구」, 「이대사원」 14권, 이화여대 사학회, 1977.

이재호, 「대한민국 임시의정원 연구」, 단국대 박사학위논문, 2011.

이정철, 「고인돌을 통해본 남한의 청동기문화 전래」, 중앙대 석사학위논문, 2007.

이준식, 「뒤늦은 국가 차원의 친일청산」, 「법과 사회」 49호, 법과사회이론학회, 2015.

이중희, 「근대 대구 문화예술계에 표출된 정신성」, 「한국학논집」 제44집, 계명대 한국학연구원, 2011.

이현주, 「1942년 조선민족혁명당의 임시의정원 참여와 노선투쟁」, 「한국독립운동사연구」 제33집, 독립기념관 한국독립운동사연구소, 2009.

이호용, 「독립유공자 예우에 관한 법정책적 문제점과 개선방안-독립유공자 보훈체계의 개선을 중심으로」, 「한양법학」 제21집, 한양법학회, 2007.

이호용, 「일제강점기 국내 아나키스트들의 선전활동」, 「한국민족운동사연구」 43권, 한국민족운동사학회, 2005.

임경석, 「서울파 공산주의 그룹의 형성」, 「역사와 현실」 제28호, 한국역사연구회, 1998.

임경석, 「유교지식인의 독립운동-1919년 파리장서의 작성 경위와 문안변동」, 『대동문화연구』 37권, 성균관대 대동
　　문화연구원, 2000.

임경석, 「파리장서 서명자 연구」, 『대동문화연구』 38권, 성균관대 대동문화연구원, 2001.

장석흥, 「일제강점기 한인 해외 이주의 강제성과 귀환문제」, 『한국학논총』 제27집, 국민대 한국학연구소, 2005.

장성욱, 「1944년 경산 결심대의 징용거부투쟁」, 안동대 석사학위논문, 2013.

장세윤, 「조선의용대의 조직편성과 구성원」, 『한국근현대사연구』 제11집, 한국근현대사학회, 1999.

장세윤, 「신흥교우단의 기관지 『신흥교우보』」, 『한국독립운동사연구』 제36집, 독립기념관 한국독립운동사연구소,
　　2010.

장 신, 「조선어학회 사건의 발단과 민족서사의 탄생」, 『한국독립운동사연구』 제53집, 독립기념관 한국독립운동사
　　연구소, 2016.

장인진, 「경상감영 낙육재의 교육과 문화소통」, 『영남학』 20권, 경북대 영남문화연구원, 2011.

장인진, 「영남낙육재는 관립도서관의 효시」, 『도협월보』 20, 한국도서관협회, 1979.

정경호, 「대구 3·1만세운동을 주도한 민족지도자 이만집 목사의 자주적 민족신앙 연구」, 『신학과 목회』 25집, 영남신
　　학대, 2006.

정낙찬, 「대구경북지역의 근대교육기관 설립 과정 연구」, 『대구경북학연구논총』 제3집, 대구경북연구원, 2006.

정범석, 「애산 이인 박사 편모」, 『애산학보』 제35집, 애산학회, 2009.

정영희, 「사립흥화학교에 관한 연구」, 『역사와 실학』 제13집, 역사실학회, 1999.

정용욱, 「청년 학생 여성 형평운동」, 『민족해방운동사-쟁점과 과제』, 역사문제연구소 민족해방운동사연구반, 1990.

정재걸, 「개화기 공립소학교 연구」, 『논문집』 30권, 대구교육대, 1995.

정태식·문장수, 「대구 3·1만세운동과 이만집의 교회 자치선언사건에 대한 사회철학적 고찰」, 『철학논총』 제36집, 새
　　한철학회, 2004.

정하태, 「대구·경북지역의 독립운동」, 『서울행정학회 동계 학술대회 발표 논문집』, 서울행정학회, 2010.

조규태, 「2014~2015년 한국독립운동사 연구의 동향과 과제」, 『한국독립운동사연구』 제53집, 독립기념관 한국독
　　립운동사연구소, 2016.

조규태, 「1920년대 재북경 대구경북인의 국민당 활동」, 『대구사학』 제100집 , 대구사학회, 2010.

조동걸, 「한국근대학생운동조직의 성격변화」, 『한국민족주의의 발전과 독립운동사연구』, 지식산업사, 1993.

조범래, 「한국독립당 연구(1929~1945)」, 『한국민족운동사연구』 통권2, 한국민족운동사학회, 1988.

조범래, 「병인의용대연구」, 『한국독립운동사연구』 제7집, 독립기념관 한국독립운동사연구소, 1993.

조은경, 「『동방전우』를 통해 본 이두산의 국제연대 인식과 활동」, 『한국독립운동사연구』 제37집, 독립기념관 한국독
　　립운동사연구소, 2012.

주지훈, 「1910~20년대 경상도 독립운동세력과 임시정부」, 경북대 대학원 석사학위논문, 2022.

진덕규, 「일제초기 친일관료 엘리트의 형성과 성격분석」, 『현상과 인식』 2권 1호, 한국인사회과학원, 1978.

채 백, 「『동아일보』의 일장기 말소사건 연구」, 『한국언론정보학보』 통권39호, 한국언론정보학회, 2007.

채휘균, 「교남교육회의 활동연구」, 『교육철학』 제28집, 한국교육철학학회, 2005.

최기영, 「1930년대 중산대학과 한국독립운동」, 「진단학보」 제99호, 진단학회, 2005.

최기영, 「이두산의 재중독립운동」, 「한국근현대사연구」 제42집, 한국근현대사학회, 2007.

최기영, 「이상정(1897~1947)의 재중 독립운동」, 「역사학보」 제200집, 역사학회, 2008.

최기영, 「이상정의 중국 망명과 한중연대활동」, 「중국관내 한국독립운동가의 삶과 투쟁」, 일조각, 2015.

최정환, 「대구경북지역의 정체성을 찾기 위한 역사적 고찰」, 「대구경북학논총」 제1집, 대구경북연구원, 2006.

최혜주, 「일제강점기 재조일본인의 지방사 편찬활동과 조선인식」, 「사학연구」 제103호, 한국사학회, 2011.

하정희·손환, 「일장기말소사건의 역사적 의미」, 「한국체육학회지」 제52권 제1호, 한국체육학회, 2013.

한규무, 「1920~30년대 대구기독교청년회의 동향과 대구노동자협의회사건」, 「한국기독교와 역사」 제29호, 한국기독교역사연구소, 2008.

한긍희, 「친일단체 해설:국민정신총동원 조선연맹과 국민총력 조선연맹」, 「민족문제연구」 10권, 민족문제연구소, 1996.

한상도, 「손두환의 항일민족주의 탐색과 민족운동관」, 「한국민족운동사연구」 36권, 한국민족운동사학회, 2003.

한상도, 「일제 침략기 한국인의 베트남 인식과 연대의식-식민지 상황 인식과 반일의식을 중심으로」, 「역사학보」 제201집, 역사학회, 2009.

한인섭, 「1930년대 김병로의 항일변론의 전개」, 「법사학연구」 제51호, 한국법사학회, 2015.

한재숙, 「경북 여성 독립운동의 특성과 의미」, 「젠더리뷰」 제38호, 한국여성정책연구원(구 한국여성개발원), 2015.

허 종, 「일제 강점기 후반 대구사범학교의 학생운동」, 「한국독립운동사연구」 제27집, 독립기념관 한국독립운동사연구소, 2006.

허 종, 「일제하 전시체제기 대구지역 학생운동의 전개와 성격:항일비밀결사를 중심으로」, 「대구사학」 제110집, 대구사학회, 2013.

허 종, 「자신의 제자까지도 고문한 친일 경찰 서영출」, 「대구경북 친일행적」, 민족문제연구소 대구지부, 2016.

허 종, 「일제강점기 후반 대구사범학교의 항일 비밀결사운동」, 「1930~40년대 대구경북지역의 항일학생운동」, 광복회 대구경북연합지부, 2004.

홍석률, 「1940~45년 학생운동의 성격 변화」, 「한국사론」 24, 서울대 석사학위논문, 1991.

홍선표, 「한국독립운동에 대한 대외 인식과 일본 식민통치의 본질 - '재팬 애드버타이저(The Japan Advertiser)'에 나타난 3·1운동 보도를 중심으로」, 「항일독립운동사연구 학술발표」, 광복회 대구시지부, 2016.

홍선표, 「한국독립운동을 도운 미국인」, 「한국독립운동사연구」 제43집, 독립기념관 한국독립운동사연구소, 2012.

황묘희, 「침략전쟁기 상해의 친일조선인연구」, 「한국독립운동사연구」 제24집, 독립기념관 한국독립운동사연구소, 2005.

황묘희, 「중경임시정부의 의정원연구(1940~1945): 임시의정원의 의정활동을 중심으로」, 「성신사학」 제10집, 성신여대 사학회, 1991.

황선익, 「중일전쟁 이후 경북지역 병력동원과 항일운동」, 「한국학논총」 제42집, 국민대 출판부, 2014.

황용건, 「나혜석과 황옥사건」, 「나혜석연구」 제6집, 나혜석학회, 2015.

후루가와 노리꼬, 「1920년대 대구덕산학교-식민지 교육행정의 모순」, 「국사 우종기 문집」, 단양우씨 판서공파 추모재 종중, 2004.

후지가와 다카오, 「사야카[김충선(金忠善)]의 투항 요인과 시기의 윤색(潤色)문제」, 「조선사연구」 제23권, 조선사연구회, 2014.

국사편찬위원회, 「3·1운동 데이터베이스자료집」, 2019.

(사)거리문화시민연대, 「대구신(新)택리지」, 북랜드, 2007.

강윤정 외 18명 지음, 「역사의 길을 묻다-리더십의 멘토 33+1인」, 대구경북연구원, 2014.

경상북도, 「경북독립운동사」 I ~Ⅳ, 안동대 안동문화연구소, 영남사, 2012~2013.

경상북도, 「경북독립운동사」 Ⅴ~Ⅷ, 안동대 안동문화연구소, 청솔, 2014.

경주이장가, 「성남세고」, 경진출판, 2016.

국사편찬위원회편, 「한민족독립운동사」, 1987.

권대웅, 「1910년대 국내 독립운동」, 한국독립운동사편찬위원회·독립기념관 한국독립운동사연구소, 경인문화사, 2008.

권대웅 외, 「알기 쉬운 대구독립운동」, 광복회 대구시지부, 2020.

김도형 외, 「근대 대구경북 49인-그들에게 민족은 무엇인가」, 혜안, 1999.

김부식 지음·신호열 역해, 「삼국사기」, 동서문화사, 2007.

김종욱, 「대구이야기」, 북랜드, 2010.

김희곤 외, 「왕산 허위의 나라사랑과 의병전쟁」, 구미시·안동대 박물관, 신생커뮤니케이션, 2005.

김희곤, 「사회주의 항일투쟁가 안상길」, 역사공간, 2016.

달성군, 「달성의 금석문」, 2013.

대구경북역사연구회, 「역사 속의 대구, 대구사람들」, 중심, 2001.

대구교육박물관, 「대구365일 오늘」, 대구시 교육청, 2021.

대구시사편찬위원회, 「대구시사」 1권, 대구시, 1995.

대구실업신보사 편찬, 「한국대구안내(韓国大邱案内)」, 1905.

대농80년사편집위원회, 「대농팔십년사」, 대구농림고등학교동창회, 1998.

동양학연구소, 「박은식전서」 상(上), 단국대출판부, 1975.

류시중·박병원·김희곤 역주, 「국역 고등경찰요사」, 안동독립운동기념관, 선인, 2009.

리진호, 「개화기와 일제 때 일본인 인명사전」, 지적박물관 출판부, 2017.

문화재청, 「효목동조양회관기록화조사보고서」, 2004.

미와 조테츠 지음·최범순 옮김, 「조선대구일반」, 영남대출판부, 2016.

민족문제연구소 대구지부, 「대구경북 친일행적」, 2016.

박태원, 「약산과 의열단」, 백양당, 1947.

백기만 엮음, 「상화(尙火)와 고월(古月)」, 청구출판사, 1951.

백기만 엮음, 「씨뿌린 사람들-경북작고예술가평전」, 사조사, 1959.

석천이정호박사 이임기념논문집간행위원회, 「석천이정호박사이임기념논문집」, 형설출판사, 1978.

소남 이일우 기념사업회, 「소남 이일우와 우현서루」, 경진출판, 2017.

신헌 지음·김종학 옮김, 「심행일기-조선이 기록한 강화도조약」, 푸른역사, 2010.

역사학자 48인, 「영남을 알면 한국사가 보인다」, 대구사학회, 푸른역사, 2005.

우국일, 「국사 우종기 문집」, 단양우씨 판서공파 추모재 종중, 교육문화원, 2004.

우에노 히코하찌 지음·손필헌 옮김, 「대구부사(大邱府史)」, 대구부, 2009.

윤이조 글·이현승 그림, 「지나간 것은, 다 그립고 눈물겹다」, (사)대구콘텐츠플랫폼, 아인아이엠씨, 2018.

윤장근, 「대구문단인물사」, 대구시립서부도서관, 북랜드, 2010.

이광수, 「이광수전집」 제18권 , 삼중당, 1962.

이성우, 「대한광복회 우재룡」, 백산우재룡선생기념사업회, 2019.

이성우 외, 「광복회, 독립전쟁을 이끌다」, 대구경북연구원·독립운동정신계승사업회, 2021.

이종범, 「의열단 부장 이종암전(일명 의열단 10년사)」, (사)광복회, 1970.

임종국, 「일본군의 조선침략사」 I·II, 일월서각, 1988.

임종국, 「일본군의 조선침략사」 I·II, 일월서각, 1988.

전재규, 「동산병원과 대구 3·1독립운동의 정체성」 타임북, 2003.

전재규, 「대구 3·1독립운동의 정체성 II」, 뉴룩스, 2010.

정인열, 「대구독립운동사」, 광복회 대구시지부, 2018.

정인열, 「묻힌 순국의 터, 대구형무소」(개정판), 독립운동정신계승사업회, 2021.

정혜주, 「날개옷을 찾아서」, 하늘자연, 2015.

조동걸, 「한국독립운동의 이념과 방략」, 독립기념관 한국독립운동연구소, 2007.

조동걸 외, 「백산 안희제의 생애와 민족운동」, 백산안희제선생순국70주년추모위원회, 선인, 2013.

조인호 외, 「영천의 독립운동사」, 영천항일독립운동선양사업회, 성심, 2013.

조항래, 「국채보상운동사」, (사)국채보상운동기념사업회, 2007.

주보돈 외, 「역사속의 대구, 대구사람들」, 대구경북역사연구회, 중심, 2001.

최기영, 「중국관내 한국독립운동가의 삶과 투쟁」, 서강대 인문과학연구소, 일조각, 2015.

최병국, 「대구언론 100년사」, 한영출판사, 2016.

최세정, 「칠부인(七婦人)을 찾아 떠나는 시간여행」, 대구여성가족재단, 2017.

최치원 지음·최준옥 엮음, 「국역 고운선생문집 하(下)」, 고운선생문집편집회, 1982.

카와이 아사오 지음·손필헌 옮김, 「대구이야기(大邱物語)」, 대구중구문화원, 2005.

허종 외, 「증보 경상도선생안」(상·하), 한국국학진흥원, 홍익출판인쇄사, 2005.